幼儿教师研修资源

幼儿园幼儿安全习惯培养

实操手册

弯丽君　主编

华东师范大学出版社
·上海·

图书在版编目(CIP)数据

幼儿教师研修资源：幼儿园幼儿安全习惯培养实操手册 / 弯丽君主编. —上海：华东师范大学出版社，2021

ISBN 978 - 7 - 5760 - 1800 - 4

Ⅰ. ①幼… Ⅱ. ①弯… Ⅲ. ①安全教育－教学研究－学前教育－手册 Ⅳ. ①G613.3 - 62

中国版本图书馆 CIP 数据核字(2021)第 113646 号

幼儿教师研修资源
幼儿园幼儿安全习惯培养实操手册

主　　编　弯丽君
策划编辑　蒋　将
项目编辑　潘　亮　蒋　将
特约审读　巫筱媛
责任校对　张　筝　时东明
封面设计　冯逸珺
装帧设计　宋学宏

出版发行　华东师范大学出版社
社　　址　上海市中山北路 3663 号　邮编 200062
网　　址　www.ecnupress.com.cn
电　　话　021 - 60821666　行政传真 021 - 62572105
客服电话　021 - 62865537　门市(邮购)电话 021 - 62869887
地　　址　上海市中山北路 3663 号华东师范大学校内先锋路口
网　　店　http://hdsdcbs.tmall.com

印 刷 者　上海龙腾印务有限公司
开　　本　787×1092　16 开
印　　张　14
字　　数　316 千字
版　　次　2021 年 10 月第 1 版
印　　次　2021 年 12 月第 1 次
书　　号　ISBN 978 - 7 - 5760 - 1800 - 4
定　　价　45.00 元

出 版 人　王　焰

编　委

主　编：弯丽君

副主编：魏秋梅

编写者：张抗抗　马　林　郑　娟　龚晓莹　宗焕芹

　　　　赵丽敏　路雪萍　徐　南　刘　娟　李　青

　　　　宋成玉　赵海霞　秦小兵　李　哲　赵　霜

序　言

　　《幼儿教育指导纲要(试行)》指出:"幼儿园必须把保护幼儿的生命和促进幼儿的健康放在工作的首位。"这表明,培养幼儿安全习惯、增强自我防范技能在幼儿园工作中具有极端的重要性。但是近年来,无论在城市还是在农村,我国6岁以下的幼儿中,意外死亡均列死因首位,几乎每天都有儿童因可预防的意外伤害致死、致伤或致残。这给家庭造成了严重的身心创伤,也在社会上造成了不良影响。可见,意外伤害事故已成为影响幼儿健康成长的第一"杀手"。如何采取科学有效的安全教育,培养幼儿的安全习惯、防范各种安全事故的发生,已成为幼教工作者刻不容缓的重要工作。

　　《幼儿教师研修资源:幼儿园幼儿安全习惯培养实操手册》聚焦幼儿园教师、家长在日常教育中可能遇到的安全隐患,给予应对策略,有针对性地构建幼儿园、家庭、幼儿主体的三方合力,在循序渐进、潜移默化中逐步培养幼儿的安全习惯。本书各章分享了幼儿安全方面的大量经典案例,将安全故事与安全管理原理相结合,使本书具有可读性、教育性和可操作性,本书可作为幼儿园教师、家长易懂、易掌握的幼儿安全教育参考书。

　　《幼儿教师研修资源:幼儿园幼儿安全习惯培养实操手册》着重于幼儿安全行为习惯培养,共分为"幼儿一日生活安全习惯养成""幼儿学习活动安全习惯养成""幼儿户外活动安全习惯养成""幼儿园外安全习惯养成"四章。书中分享了131个典型案例,提出了数百条实操对策、贴士和建议。主要从入园、盥洗、进餐、饮水、如厕、上下楼梯、散步、午睡、离园等环节重点培育幼儿一日生活的安全习惯;从集体互动课、体育课的学具、玩具使用,建构区、表演区、图书区、科学区等特定区域的物品的使用规则等视角,有针对性地培育幼儿学习活动中的安全习惯;从体育活动、广播操活动、亲子互动、大型玩具场活动及其他大型活动视角,帮助幼儿养成户外活动的安全习惯;从厨房安全、用电安全、独自在家安全、用药安全、场地安全隐患、交通安全及预防被绑架、防性骚扰、防雷击、防溺水等视角,提出切实可行的幼儿园外安全习惯养成策略。

　　目前国内幼儿园缺乏统一而有代表性的幼儿安全教材,而《幼儿教师研修资源:幼儿园幼儿安全习惯培养实操手册》是一线教师基于多年的实践经验,通过对大量详实案例的深层次剖析,提出的科学而具有可操作性的应对策略,填补了国内该领域研究的空缺。本书在幼儿园教师和家长培养幼儿的安全习惯方面具有重要的参考价值,其时代性、实践性、实用性、操作性等鲜明特色,使其可成为幼儿园管理者、教师以及家长的案头用书。

浙江大学教授

2021年5月10日

目　录

第一章

幼儿一日生活
安全习惯养成

引 言

　　一日生活活动是满足幼儿基本生活需要的活动，能够培养幼儿的生活自理能力和健康的生活习惯，同时还可以增强幼儿的人际沟通能力、自我保护能力和规则意识。幼儿一日生活的各个环节，如晨检、喝水、进餐、盥洗、上下楼梯、午休等，都是安全教育的好时机。教师要充分挖掘和利用其中的安全教育因素，时时处处关注幼儿安全，抓住幼儿生活中的偶发事件，将安全教育渗透于一日生活中，提升幼儿在习惯养成方面的主动性和积极性。为促进幼儿一日生活安全习惯的养成，教师应结合幼儿在日常生活中出现的问题，适时适当地引导幼儿，以达成必要的、合理的安全教育。同时，在日常生活活动中巩固幼儿已有的安全知识，培养幼儿的安全意识，让安全行为在幼儿的生活中逐渐习惯化。

第一节　入园环节安全习惯养成

入园环节是幼儿一日集体生活的开始,组织开展有序的入园活动,是幼儿一日安全学习和生活的关键。每天入园时,由于幼儿人数多、相对集中,容易发生拥挤、碰撞、走丢等意外情况。调查显示,幼儿入园过程中较大的隐患有:家长不与老师交接、允许幼儿单独入园、晨检不细致等。如果管理不善,责任不落实,入园环节极易产生安全隐患。因此,要加强对幼儿的交接、晨检和晨间活动组织等工作,防止意外的发生。

案例分享

案例一

及时的电话铃声

茜茜妈妈是一位幼儿教师,家离幼儿园很近,但早上上班时间较早。这天早上茜茜起得很早,想跟着妈妈一起去幼儿园,妈妈同意了。由于早上时间紧张,茜茜妈妈急着上班,就一路跑步来到了幼儿园,当她踏进幼儿园大门时回头还看到茜茜在后面跟着,爷爷紧随其后。

茜茜妈妈打卡进入幼儿园后立即投入到工作中,心想茜茜爷爷一定会把孩子送到教室。然而,茜茜班上的老师却打电话问:"孩子怎么没来幼儿园呢?"茜茜妈妈慌然失措,急忙打电话给爷爷,爷爷回答:"孩子不是早上跟着你去幼儿园了吗?"

后来,大家一起在幼儿园附近发现了独自生气的茜茜,原来茜茜以为妈妈在前面跑是因为不管她了,于是生气地扭头跑开了,并没有跟着妈妈进入幼儿园。因早上送孩子入园人较多,爷爷也并没看清茜茜是否进入幼儿园,就以为她跟着妈妈到达了目的地。幸亏茜茜班上的老师进行电话询问，及时发现茜茜未入园，才避免了意外发生。

水雾魔珠的"旅行"

周一，王老师在组织孩子们进行户外游戏活动时，忽然有小朋友跟她说琪琪哭了。王老师赶忙走到琪琪面前，只见琪琪不停地用手抠自己的鼻孔，哭着说鼻子难受。王老师立刻询问琪琪："怎么回事？是否把东西塞进鼻孔了？"琪琪急忙点点头。时间就是生命，王老师立即抱起琪琪，和保健医生一同去了医院。

医生检查后做了紧急处理，把孩子塞在鼻孔内的异物取了出来。原来，这异物是琪琪妈妈周末给她买的水雾魔珠。由于水雾魔珠遇水会凝固，同时彼此连接在一起，很神奇，于是琪琪把水雾魔珠偷偷装进口袋，带到幼儿园里向小伙伴们炫耀。可是，她担心被老师发现，就没有用水喷，而是放在手里用口水喷。吸气的时候，她不小心把魔珠吸进了鼻孔里，魔珠遇到鼻孔里的水分就更黏滑，越用手抠，就越往里滑，琪琪这才吓得大哭了起来。幸亏王老师处理得及时，才没酿成意外。

看似不起眼的小玩具，却隐藏着意想不到的危险。事后，王老师向家长讲明情况，琪琪妈妈认识到自己对孩子日常行为疏于观察，入园前没有配合老师做好晨检工作；同时，买玩具时没有考虑到孩子的年龄特点以及玩具可能产生的危险性。琪琪妈妈表示今后一定重视孩子的安全教育，配合老师做好晨检，避免意外的发生。

不起眼的"小红点"

嘟嘟早上被妈妈送到幼儿园，保健医生晨检时发现嘟嘟的精神有点差，喉咙有些红，建议嘟嘟妈妈带孩子到医院进行检查。嘟嘟妈妈着急上班，就告诉保健医生她知道这些情况，只是因为孩子这两天晚上没有休息好，上火了。保健医生于是给嘟嘟发了黄色的晨检卡，并电话提醒嘟嘟所在班级的杨老师，注意观察嘟嘟的精神状态和身体情况。

早餐时，杨老师发现嘟嘟吃饭比较困难，连忙询问，嘟嘟告诉老师嘴巴里面疼。老师立即查看，发现孩子喉咙里面隐约有一个红点。春天是传染病的高发期，嘟嘟会不会得了什么传染性疾病？杨老师接着询问嘟嘟是否还有别的地方不舒服，孩子摇了摇头。杨老师给孩子测量了体温，也无异常。杨老师于是把嘟嘟带到保健室。保健医生仔细查看了嘟嘟的口腔及身体后，发现嘟嘟嘴里的小红点很可能是咽颊炎的症状，需要进行隔离。

随后保健医生立即对嘟嘟进行了隔离，并上报主管领导。杨老师及时通知嘟嘟家长，向家长讲明情况，请家长把嘟嘟带到正规医院进行检查和治疗。值班领导立刻启动应急预案，排查疑似病例并做好班级的隔离、消毒工作。由于幼儿园反应迅速，措施到位，及时切断了传染源，使传染性疾病在园内的流行得以避免。

案例分析

案例一中的茜茜的妈妈虽是幼儿园教师，但其家庭送孩子入园时的人员分工不明确，爷爷认为茜茜是跟着妈妈去了幼儿园，妈妈以为茜茜是在爷爷的监管下进入幼儿园，就此埋下了孩子走失的安全隐患。幼儿的辨别能力、自我控制能力和自我保护能力都比较弱，一旦脱离家长的监护，就有可能发生意外事故。针对这一事件，教师应和家长充分交流，促进其加强幼儿安全教育，增强幼儿安全意识。更为重要的，是送幼儿入园时应明确接送人员，应当把幼儿送进所在班级并交到带班教师的手中后方可离去，确保家庭的监护和幼儿园的保护在时间及空间上紧密衔接且不留漏洞。同时，班级的安全管理应进一步完善和细化，从入园离园制度到班级管理制度都应明确细则，责任到人，杜绝此类现象的再次发生。

案例二中的幼儿在该年龄段好奇心强，缺乏自我保护意识，往往会把新奇的小玩具如小珠子、硬币等装在口袋或书包里带进幼儿园，进而发生异物入口鼻等事故。按照幼儿园安全管理规定，家长送孩子入园前时，必须检查孩子的随身物品，坚决杜绝将危险品及幼儿园规定不允许带的物品带入幼儿园，避免给自己和其他幼儿带来伤害。值得警惕的是，在实际生活中，许多家长对此不以为然，错误的认为孩子们将小玩具带进幼儿园没什么大不了的，殊不知这些看似无害的小玩意儿有可能会威胁到孩子们的生命安全。

案例三描述的是幼儿园常见传染病的现象。幼儿往往不能很好地发现和表达自己身体的不适，而嘟嘟妈妈因为疏忽大意，没有及时察觉孩子身体的异样，险些引起幼儿园传染病的流行。幸亏幼儿园有相对完善的传染病应急预案，保健医生在晨检中发现嘟嘟精神异常时及时告知班级教师进行跟踪观察，在发现传染病后及时隔离、消毒、上报主管领导，从而有效杜绝了传染病的流行。

实操对策

安全习惯养成的核心价值是保护儿童生命安全。幼儿园和教师始终都要把维护儿童的生命安全放在首位，做好入园环节幼儿的交接、晨检工作，防止危险品、传染病入园，给幼儿生命安全带来隐患。

一、 教师明确职责，合理分工

1. 做好晨间管理工作

美好的一天从晨间接待开始。班级教师要做到合理分工，明确责任，认真细致做好晨间各项工作。晨间是幼儿入园的高峰期，幼儿及家长人数多，教师既要接待幼儿又要组织活动，如果在细节上管理不善，稍有疏忽就可能发生意外。对此，教师要明确职责：主班教师热情地迎接幼儿和家长，主动与家长进行交流，同时做好幼儿晨检工作，配班教师组织好来园幼儿的晨间活动，保育教师做好餐前工作。

2. 清点人数，及时电访

幼儿入班后，配班教师应当做好幼儿的出勤统计工作，内容包括但不局限于：当天来了多少孩子？谁没来？原因是什么？同时，对未入园幼儿及时进行电话家访，做好交接班记录，并向另外两名老师说明情况。幼儿做完晨操回到教室后要及时清点人数，做好记录，保证班级教师人人心中有数。

3. 关注小班新入园幼儿

小班新入园的幼儿，由于年龄小，正处于入园焦虑期，有的哭闹不止，有的在活动室到处乱跑。班里的教师要分工明确，在短时间内熟悉幼儿，并采取有效措施缓解、消除幼儿的紧张情绪。教师要和幼儿尽快建立感情，让幼儿产生信任感、安全感，使其快速适应集体生活。一旦发现幼儿走失，应立即向幼儿园当班领导汇报并通知家长，必要时可调取幼儿园的监控设备或请警方协助共同寻找。

二、 家园合力，构建稳固联防网

1. 强化家长的安全意识

幼儿园应该帮助家长明确接送幼儿的责任与要求，严格遵守幼儿园的接送制度，严防幼儿走失。开学初，可召开家长说明会，告知幼儿园接送安全管理的制度及措施，要求家长接送幼儿一定要到班级与老师进行交接。同时，引导幼儿不能随意走出幼儿园，不跟陌生人走等。通过各种举措,使家长与幼儿园协调一致、紧密配合,严把幼儿入园环节,共筑家园联防网。

2.充分利用家长资源,发挥家长主动性

在日常教育活动中,教师可充分调动家长资源,如鼓励引导有相关资源的家长开展安全教育活动,鼓励家长基于社会上有关儿童走失的案例,与幼儿一起讨论在入园环节如何更好地保护自己的安全,例如:如果不小心和爸爸妈妈走散应该怎么做。家园密切配合,方能给孩子筑牢平安防线。

三、 培养幼儿安全意识,提升幼儿自我保护能力

1.共同讨论制定安全公约

教师应开展入园环节安全教育活动,充分激发和调动孩子学习安全知识的积极性和主动性。比如,告知幼儿入园环节走失后的危险性和自我保护方法。此外,中大班教师可与幼儿一起制定入园环节班级安全公约,讨论安全入园、避免与家人走散的方法,以及与家人走散后该如何做等。

2.教给幼儿实用技巧,开展安全演习

通过防拐骗安全演习、情景游戏、故事表演等多种方式,增强幼儿的自我保护意识,提高自我保护能力。比如让幼儿记住所在幼儿园的名称、家长的电话、家庭住址,教育孩子不独自外出,不跟陌生人说话,不吃陌生人给的食品,不跟陌生人走等,并强调在遇到紧急情况时要向幼儿园老师、警察等可信赖的人求助。

安安小贴士

　　教师一定要和家长做好"手递手"的幼儿交接工作,在后手"接盘"之前,前手不得以任何理由放松对孩子的管理和保护。同时,要做好晨检工作,对未入园幼儿及时进行电访,查清幼儿未入园的原因,并向班级其他老师说明。

跟着平平学儿歌

儿歌一

入 园 歌

小鸟喳喳叫,小草微微笑。

我上幼儿园,不哭也不闹。

见到老师问声早，进班游戏不乱跑。

妈妈放心我安全，做个听话的乖宝宝。

儿歌二

玩具物品我不带

太阳咪咪笑，小鸟喳喳叫，

背上小书包，我去上学校。

珠子、钉子把我叫：

"主人主人你别走，带我去学校"，

我对它们摆摆手："不要、不要"，

玩具物品我不带，安全健康真是好！

儿歌三

传染病别跟来

小朋友，入园来，整整齐齐把队排，

保健医，真厉害，手电筒儿全打开，

小手口腔照一照，是否健康全明白。

发现情况要隔离，家长带离勤就医，

确保健康再入园，加入快乐班集体。

幼儿安全习惯养成建议

《幼儿园教育指导纲要（试行）》（后简称《纲要》）指出：要"密切结合幼儿的生活进行安全、营养和保健教育，提高幼儿的自我保护意识和能力。"教师、家长在幼儿日常生活中的入园环节中应当引导幼儿学习一些自我保护的方法和技能，变消极躲避为积极预防，这样才能够将意外伤害发生的可能性降低到最低。

入园环节意外事故的偶发性使得教师不易将事件真实再现，因此教师和家长在进行安全教育时要抓住教育契机，在危险情况出现时及时引导幼儿清晰认识后果，引导幼儿思考会出现哪些情况，对身体会产生哪些危害，应该怎样预防等，让幼儿引以为戒。同时，引导幼儿明确幼儿入园环节的注意事项和具体要求，逐步建立良好的常规秩序，避免在入园时出现意外事件。

幼儿年龄小，自觉性和自制力较弱，习惯的养成不是一两天就能奏效的。因此，除了提出要求和教给方法外，还要经常提醒，不断强化，使幼儿逐步形成自觉的行为习惯。同时，幼儿园、家庭应密切配合，形成教育合力，使幼儿尽可能远离入园环节的意外和伤害。

第二节　盥洗环节安全习惯养成

　　幼儿盥洗环节包括如厕、洗手、漱口等活动。盥洗是幼儿园一日生活中出现频率较高的环节,也是由于受场地限制而易发和频发安全事故的环节。盥洗习惯的养成关系到幼儿健康习惯的养成和自我服务能力的提高,其特殊性为教师带来培养幼儿良好安全习惯的诸多机遇。

案例分享

案例一

"抢"出来的危险

　　户外活动结束后,孩子们情绪比较激昂,一进教室便一窝蜂地涌入盥洗室。韩韩和小米一路跑着,几乎同时进入盥洗室,来到洗手池前。韩韩说:"我先洗脸。"小米说:"我先。"二人互不相让。站在前面的小米向后撞了韩韩一下,韩韩也用力向前挤过来。力气大的韩韩本想把小米推到一边,但由于用力过猛,小米撞在洗手池的棱面上,嘴巴被牙齿硌出了血。因为疼和害怕,小米大哭起来。王老师听到哭声后立即跑进盥洗室,看到小米嘴部有血迹,立刻将小米送到保健室。保健医生仔细检查之后发现小米的下嘴唇伤口较大,几乎是贯穿伤,幼儿园保健室不具备治疗条件,需要送到医院对伤口做进一步的处理。王老师和保健医生带着小米来到医院,医生检查后对小米的伤口进行了缝合和消炎处理,并进一步做了相关检查,确认小米除嘴部受伤之外没有其他方面的异常。

　　小米妈妈接到通知后赶到医院,看到两位老师忙上忙下,也就没有追究幼儿园的责任。小米在家休养了一段时间后,又回到了幼儿园。

案例二

"浪花"一朵朵

皮皮来幼儿园后，兴奋地对小伙伴说："我昨天去看森林公园的喷泉了，真漂亮啊！"晨间活动结束后，小朋友在盥洗室洗了手，在马老师的带领下做餐前活动。忽然，马老师听到盥洗室里面传来了"哗哗"的水声，声音很响，以为是水管爆了，立刻进入盥洗室，看到一排水龙头齐刷刷地全开到了最大，溅得盥洗室地面一片水渍。

滑倒在地的皮皮被水花淋得湿漉漉。马老师忙问："谁开的？"皮皮开心地说："马老师，你看像不像喷泉呀？是我开的！"马老师听罢立刻把水龙头关了，帮皮皮擦干了身上的水，没有过多责怪他，而是对他说："如果没有老师在场，这些'喷泉'很容易让自己和其他小朋友滑倒摔伤，咱们在区域活动时再来做这个好玩的喷泉游戏吧。"说完，她赶紧清理了盥洗间地面上的水渍。

案例分析

案例一中幼儿因为争抢洗手池而发生了意外事故，看似平常却令人深思。幼儿正处于生理和心理迅速成长与发展的关键时期，自我意识强，自控能力差，容易与他人发生冲突。有水源的盥洗室常常是他们的"世外桃源"，幼儿非常喜欢在里面玩耍。而教师并没有在幼儿进行盥洗前提出规则，如分组或轮流进行盥洗，避免孩子的无效等待。实际上，盥洗环节正是老师容易放松警惕的环节。

案例二中，天真可爱的孩子们把生活中看到的美好事物带入了幼儿园的生活中，想和同伴分享这份美好。这时候，一名具有专业素养的教师会支持和珍惜他们的想法，不为自己所看到的表象而指责幼儿。马老师就是这样的有心人，及时捕捉到了幼儿在生活中发现的美好事物，尊重幼儿并用心呵护他们的自尊心和探索欲望，在不影响幼儿盥洗安全情况下，向幼儿承诺在区域活动时间继续对"喷泉"进行探索。

实操对策

一、 教师关注盥洗细节，确保盥洗安全

1. 强化盥洗要求，重视盥洗环境

幼儿盥洗前，教师要明确盥洗要求，并带领幼儿细致做好盥洗工作。盥洗时，盥洗间、卫生间地面要保持干燥，无论是餐前盥洗、户外活动后盥洗，还是集体和区域活动中的盥洗，都要有教师跟随照看，不让幼儿脱离教师的视线，杜绝安全事故发生。

2. 合理组织盥洗，避免无效等待

教师可以通过将男女孩分组、请班级值日生协助组织等方式引导幼儿有序盥洗，避免幼儿独自盥洗和无效等待。

3. 开展安全教育活动，提升盥洗时的安全意识

要建立合理有序的盥洗常规，需基于幼儿实际生活中发生过或可预见的安全隐患，与幼儿一起讨论盥洗环节中隐藏的危险，一起寻求解决方法。通过讨论交流，共同制定并严格遵守班级盥洗公约。

4. 巧用各类标识，发挥环境育人功效

教师可以在盥洗间张贴"七步洗手法""避免拥挤"的标识和幼儿自己设计的盥洗安全标志，如一米等待线、"防止滑倒"的图文标识等，从环境教育的角度帮助幼儿建立盥洗安全意识，提升安全盥洗技能。

5. 善用奖励机制，激发安全盥洗习惯养成

教师可依据幼儿的年龄特点，设置不同的安全盥洗奖励机制，如"我是盥洗好宝宝""盥洗小标兵""讲卫生小卫士"等，鼓励幼儿遵守盥洗公约，逐步养成良好的安全盥洗习惯。

二、 家长密切配合，培养良好盥洗习惯

1. 培养幼儿盥洗习惯

教幼儿学会洗手、如厕、卷袖子、穿脱衣物等的正确方法，也要教幼儿学会打开水龙头，在流水下把小手清洗干净。提醒幼儿在饭前、便后、饮水前、吃点心前，特别是户外活动回来后，应将手洗净。

2. 教育幼儿文明盥洗

家长要引导幼儿学会谦让,学会等待。幼儿盥洗时,应做到不推不挤,不玩水,不在盥洗室、卫生间追逐嬉闹。

三、 让幼儿做安全盥洗的主人

1. 组织幼儿开展盥洗间安全讨论活动,请中大班幼儿观看自己盥洗时的录像,引导幼儿发现问题,并寻找解决问题的方法,共同讨论制定班级盥洗公约,请幼儿设计图文结合的安全提示或盥洗公约,张贴在盥洗室提醒班级幼儿注意安全盥洗。

2. 指导中大班值日生监督检查其他幼儿的盥洗情况,指导幼儿有秩序地如厕,避免拥挤和打闹,培养幼儿养成良好的盥洗习惯,提醒不遵守盥洗规则的幼儿。

> **安安小贴士**
>
> 幼儿年龄小,活动随意性强,盥洗环节管理难度非常大。只有在平时养成良好的盥洗习惯,注重细节,才能避免一些本不该发生却又容易发生的盥洗意外事故。

跟着平平学儿歌

儿歌一

盥洗安全

小朋友,要知道,安全盥洗很重要。

按照图示来盥洗,节约用水不胡闹。

排队盥洗有秩序,不推不挤不滑倒。

盥洗安全记心里,争做文明的好宝宝。

儿歌二

慢慢走,不滑倒

花儿笑,鸟儿叫,小朋友们请听好:

"盥洗室,不奔跑,慢慢走,不滑倒",

文明盥洗我知道,做个安全的好宝宝。

幼儿安全习惯养成建议

　　盥洗活动是幼儿一日生活中不可缺少的环节,但在现实生活中,幼儿园盥洗环节经常发生意外事故,对幼儿安全和身心健康造成伤害。盥洗过程的流动性和不确定性特点容易导致突发事件,这就要求教师合理分工,明确职责,杜绝盥洗安全事故的发生。

　　幼儿安全行为习惯的培养应立足并自然融入于幼儿的日常生活、游戏和学习中。通过安全教育活动,教师可以引导幼儿讨论制定盥洗环节班级行为公约,通过与同伴之间的经验分享、自主探索、团队竞赛等方式,逐步培养安全行为习惯。在这一过程中,要注重教育内容与幼儿实际生活和年龄特点的契合度。

　　幼儿安全行为的持续性和自控能力较弱。虽然孩子们知道安全的规则,但一旦参与其中,往往就难以自控,无法遵守规则。教师应鼓励班级值日生参与管理,建立激励机制,在日常生活中持之以恒,有效促进幼儿养成良好的安全盥洗习惯,进而促进幼儿的全面发展。

第三节　进餐环节安全习惯养成

《3—6岁儿童学习与发展指南》(后简称《指南》)提出："幼儿的学习是以直接经验为基础,在游戏和日常生活中进行的,要珍视游戏和生活的独特价值。"进餐环节作为幼儿生活活动中的一部分,同样蕴涵着丰富的教育价值,是培养幼儿的安全意识和良好习惯的重要教育契机。但是,进餐环节却存在着很多安全隐患。幼儿进餐时,由于人数多,时间有限而又集中,加之必要的进餐安全意识和自我保护技能的缺乏,是易发、突发多种安全事故的一个环节,阻碍孩子的健康成长。

案例分享

案例一

一颗小肉丸引发的思考

午餐时间到了,孩子们分组盥洗后准备吃午饭。李老师在盥洗间照顾幼儿洗手,马老师在活动室忙着给小朋友们分餐。今天的午餐中,菜里放了丸子。一看有最喜欢吃的丸子,平时比较活泼的小朋友开始不安分起来:他们有的用筷子把丸子穿成糖葫芦,放在嘴上吮吸;有的把筷子放到嘴里,摇头晃脑,表情夸张地做着动作;还有的和旁边的小朋友边吃边说笑。

突然有小朋友报告:"马老师,洋洋哭了,说不出话了。"马老师立即停下手中工作过来看洋洋,只见洋洋双手握着自己的脖子,脸憋得通红,说不出话来。马老师从来没有见过这种情况,惊恐又着急,在卫生间的李老师听到外面有情况也赶了过来。此时的洋洋脸憋得更红了,甚至哭不出声音了。李老师立即让马老师给保健医生打电话,并通知当班领导。她自己抱起洋洋,用海姆立克急救法进行急救。在几次腹压之后,一颗没嚼碎的小肉丸从洋洋喉咙里吐了出来。洋洋终于"哇"的哭出声来,而马老师、李老师吓出了一身冷汗。

小小筷子"不简单"

午餐时间,孩子们大多数都吃完了饭,在老师组织下进行餐后活动。有的送回餐具,有的做餐后盥洗,还有的进行餐后游戏活动,一切都井然有序。

乐乐吃饭较慢,他一边往嘴里扒着饭,一边不停地向餐后游戏活动区域看,三下两下就把饭吃完了。匆匆整理了桌面后,乐乐便急忙一手端着饭碗,一只手拿着筷子,往餐具收纳盒跑去。刚跑出不远,乐乐就绊倒了,一只手里的碗飞了出去,而另一只手中的筷子在乐乐的脸蛋上划了一道痕,如果再往上一点,就扎到眼睛了。乐乐吓得哭了起来,小朋友们立即围了过来。老师也吓出了一身冷汗,赶紧检查了乐乐的伤势,发现他的脸蛋并没有破皮,就带他去保健医生那边处理了一下,晚上向乐乐家长说明了原因。

第二天老师从乐乐前一天进餐时发生意外的事情说起,在班级里和孩子一起开展了讨论:"为什么会出现这样的情况? 怎样避免此类的危险发生?"老师与孩子们共同讨论制定了安全进餐的班级公约,以图文结合的方式张贴在活动室,请小朋友们共同遵守。

案例分析

案例一中幼儿进餐环境嘈杂,幼儿在进餐环节情绪浮躁,边吃饭边说笑的行为导致了食物进入气管而引发窒息危险。可见,该班级平时没有建立安静、有序、安全、温馨的进餐环境。意外发生时,马老师虽然及时发现了危险状况,但没有采取紧急有效的急救措施,幸亏李老师有急救常识和经验,果断采取恰当的措施,才避免了悲剧发生。可见安全常识和技能对每一位教师的专业成长的重要性。

案例二中的进餐环节井然有序,有的幼儿安静进餐,有的有序盥洗,有的进行有趣的餐后游戏活动,教师的合理组织有效避免了幼儿的无效等待,可见班级幼儿已经形成了良好的进餐习惯。然而,幼儿生性活泼好动、动作协调性较差,且缺乏必要的进餐安全意识、自控自护能力薄弱,因此仍然发生了意外情况。值得关注的是,针对乐乐因急于进行餐后活动而发生意外的状况,教师能及时处理并将之作为教育契机,与幼儿一起讨论进餐规则,完善班级公约,促进幼儿进餐环节安全教育以及良好习惯的养成,这一点值得学习。

实操对策

一、 教师合理有序地组织进餐

1. 安静愉快地进餐

进餐前，保育教师提前做好准备，主班教师指导值日生将餐具、餐巾纸盒摆放整齐，营造安静愉快的用餐氛围，由教师或幼儿生动地介绍菜谱，激发和增进幼儿食欲。进餐时，科学、规范、有序地组织幼儿用餐，不批评和处理问题，确保幼儿安静愉快地用餐，预防安全事故的发生。餐前、餐后15分钟内不做剧烈运动，安排安静的活动。

2. 关注个别差异，科学进餐

幼儿用餐时，教师应引导幼儿正确使用餐具，及时为幼儿添加食物，鼓励幼儿不挑食，不偏食，不说笑嬉闹，并提醒他们吃饭时要注意进餐速度和进餐分量。给予特殊幼儿个别照顾，及时处理异常情况，鼓励中大班幼儿自行按需取餐。由于幼儿进餐的速度不一致，教师既要照顾正在进餐的幼儿，又要照顾用餐完毕的幼儿，因此教师要安排妥当，让吃完饭的幼儿进行餐后活动，如看图书、搭积木等，以免幼儿因长时间等待而处于游离状态，导致事故发生。

3. 取放有序保安全

进餐时教师指导幼儿保持桌子、地面和衣服的干净。幼儿进餐过程中离开座位时，教师要提醒其不拿勺子、筷子等，口里不含食物。进餐后，引导幼儿将餐具送到固定位置，轻轻放入容器内，取自己的小茶杯接适量的水进行漱口，养成良好的卫生习惯。

4. 建立进餐安全预防机制

幼儿园应邀请相关专家对教师、保育员进行相关的专业急救知识技能培训，并建立完善的进餐环节应急处理方案。教师、保育员、保健医生必须正确掌握幼儿进餐环节中突发安全事故的应急处理方法。例如，吃饭时被异物卡住导致呼吸困难时，可尝试海姆立克急救法；烧伤、烫伤时也应运用正确的急救方法采取措施。

二、 家长配合完成进餐工作

1. 做榜样，促独立

家长要做好进餐的榜样，引领幼儿有序、安全进餐。同时，配合幼儿园做好幼儿进餐习惯养成工作。在家中教幼儿学会正确使用餐具，不溺爱幼儿，不大包大揽，不给幼儿喂饭，教育幼儿独立进餐,不挑食,不偏食,不让幼儿边吃边玩或边吃边看电视等,还要配合教师做好幼儿进餐技能的教育指导。例如,吃鱼时,要教给幼儿剔除鱼刺的方法,以免鱼刺卡住喉咙,发生意外。

2. 巧用烹饪契机进行食育

在为幼儿准备饭菜时,可以邀请幼儿一起参与,也可做成"创意饭菜",激发幼儿进餐欲望,教育幼儿节约、爱惜粮食。

三、 从生活点滴做起促进幼儿习惯养成

1. 养成安全进餐好习惯

幼儿在吃饭过程中,要端坐好,不东看西瞧,不拥挤碰撞,避免烫伤自己和别人。在端饭、送餐具的过程中,动作要轻、慢,注意观察行进路线中是否有导致自己绊倒、滑倒的东西,同时注意观察有没有小朋友来回走动,严防安全事故的发生。

2. 做进餐环节的小主人

调动幼儿讨论及制定进餐环节安全规则的积极性。如进餐时要安静,不随便说话,不嬉戏,不打闹,能情绪愉快、细嚼慢咽、安全进餐等。

> **安安小贴士**
>
> 幼儿进餐时易受周围环境影响,中大班幼儿在添饭或送餐具过程中极易出现奔跑、把餐具放在口中等现象。教师一定要细致观察,有序组织,避免意外的发生。

跟着平平学儿歌

儿歌一

文明进餐

小朋友们来进餐,
细嚼慢咽不剩饭。
安静就餐习惯好,
慢走轻放更安全。
饭后记得漱漱口,
口腔卫生严把关,
文明进餐很重要,
健康快乐保平安。

儿歌二

安全进餐

勺子筷子手中拿，不说不笑静静哒！

不挑食来不剩菜，节约粮食棒棒哒！

吃完再把餐具送，轻拿轻放悄悄哒！

拿起水杯漱漱口，照照镜子美美哒！

幼儿安全习惯养成建议

陶行知先生提出"生活即教育"，进餐环节关系到幼儿身体健康成长，蕴含着促进安全生活习惯养成的教育契机。幼儿在园的一日三餐，都需要教师耐心细致、规范有序地进行管理。教师要根据幼儿的年龄特点、学习特点、个体差异等，科学管理进餐环节，促进幼儿身心健康和谐发展。为此，教师要采取灵活多样的教学形式，选择丰富多彩的教育内容及合适的教学方法进行进餐环节安全教育活动，教育幼儿在进餐时不说话，不打闹，不嬉戏，正确掌握使用勺子和筷子的方法，养成安全、文明、安静的进餐习惯。

第四节 饮水环节安全习惯养成

饮水环节直接关系着幼儿的身体健康,幼儿园有责任和义务对幼儿饮水时段、饮水量作出详细的规划和安排,以确保幼儿每天按需按量健康饮水。同时,要注重幼儿饮水环节的安全问题。幼儿饮水环节存在烧伤、烫伤等安全隐患,因此幼儿园应采取必要的措施,帮助幼儿养成良好的饮水习惯。

案例分享

案例一

"能干"的值日生

区域游戏结束,孩子们到卫生间进行盥洗后,主班老师朱老师组织孩子们拿水杯坐到桌子前,等待值日生分发水壶进行饮水。保育员李老师在茶水间准备饮用水,为每个小水壶都装满了温开水。

做值日生能为小朋友服务,这是一件骄傲和光荣的事情,因此孩子们的积极性都很高。当李老师准备好开水,请值日生为每张桌子上的小朋友分发小水壶时,他们飞快地冲到盥洗间端起小水壶。昊昊今天是值日生之一,为了显示自己能干,他一只手提了两个小水壶,水壶在他的手里颤颤巍巍,仿佛里面的水下一秒就要洒出来。保育员李老师看到后就问:"你能端得住吗?"昊昊肯定地说:"我能。"没等李老师说完,昊昊就走了。

正当昊昊兴致勃勃地往桌子上放水壶时,其中一个水壶没放稳,一下子倒了,水壶盖子也脱落下来。壶里的水流了出来,洒到了坐在桌子旁边的果果身上。果果顿时慌了,不停地拍打流在自己身上的温开水,不一会儿,果果的衣服几乎湿透了。朱老师立即赶过来带果果到卫生间用流动水冲洗,缓解温开水带来的烫伤。皮肤有些发红,朱老师带果果到保健室抹烫伤膏。

处理完毕后,朱老师联系了果果的家长,家长了解到事情并不严重,没有追究老师的责任。

案例二

<h1 style="text-align:center">总是"洒出来"的开水</h1>

豆豆是一个个子高高、身体强壮的小男孩。大班新学期,每次到喝水时间,总有小伙伴向老师报告说:"老师,豆豆的开水洒了。"老师就会连忙为豆豆收拾洒在桌子上和身上的水,带豆豆去卫生间,幸亏温开水没有对其造成烫伤。反复几次下来,班主任赵老师发现了端倪,原来豆豆是在故意制造洒水的麻烦,以逃避喝水。于是赵老师和豆豆进行了谈话,讲明喝水对身体生长的重要性。当问他为什么不喝开水时,豆豆理直气壮地说:"开水不好喝,我不喝水也不生病。"赵老师又与其家长交流,了解到奶奶总是给他喝酸奶等甜饮料,很少会喝白开水。

知道到这些情况后,赵老师积极与其父母沟通交流,讲明喝水的重要性,并在班级里设置了"喝水小明星"评比活动,激发豆豆喝水的主动性。慢慢下来,豆豆逐渐不再过多喝饮料,能主动喝水了。

<h2 style="text-align:center">案例分析</h2>

案例一中昊昊是大班年龄段的幼儿,做事能力较强,老师请这样的孩子做值日生,在饮水环节为小朋友服务。这样的活动不仅有利于幼儿在饮水环节自觉地遵守饮水规则,逐步养成良好的饮水习惯,也能让幼儿参与到班级管理中,协助教师做好饮水环节的管理工作,激发幼儿饮水的兴趣。但是,幼儿自控能力仍然较弱,往往不能觉察出安全隐患,对自己的能力也无法做出准确预判。

李老师为水壶里放了温度适宜的开水,说明老师有很强的安全意识,但在发现值日生一只手提两个水壶后,没有及时制止,这是事故产生的重要原因。朱老师在发现水洒后立即对被烫幼儿进行冷处理急救是非常有效的,有效降低了幼儿烫伤程度,可见老师有较扎实的急救知识。作为教师,就要时时处处做个有心人,预测存在的安全隐患并尽早防范。

案例二中,孩子不爱喝白开水的现象是许多家长头疼的事情,家长常常因为溺爱而放松原则,答应幼儿的无理要求。而幼儿常常受饮料的外包装和口感的诱惑,养成贪喝饮料而拒绝喝开水或少喝水的坏习惯,而且他们对充足的饮水量与身体健康的关系缺乏认识。《指南》中提倡:"3～4岁幼儿愿意饮用白开水,不贪喝饮料;4～5岁幼儿常喝白开水,不贪喝饮料;5～6岁幼儿主动饮用白开水,不贪喝饮料。"教师应以此为标准,鼓励幼儿安全健康饮用白开水。

实操对策

幼儿期是养成良好饮水习惯的重要时期,教师要采取有效的措施、恰当的方法、有序的步骤,帮助幼儿树立安全喝水的意识,掌握饮水安全方面的自我保护能力,每天保证喝足量的水,满足身体健康成长的需要。

一、 教师着力促进安全饮水习惯养成

1. 增强教师安全意识,加强教师间合作

提高教师预测和预防安全事故的能力。在饮水环节教师要责任到人,明确站位和职责,让幼儿在教师的视野范围内活动,保证幼儿安全饮水。在烧伤、烫伤发生时应有正确的急救方法和措施,正确掌握幼儿饮水环节中突发安全事故的应急处理技能。

2. 加强幼儿饮水环节的安全教育

让幼儿知道喝水对身体健康的重要性,了解喝水的基本常识,教育幼儿养成按时饮水的良好习惯,保证幼儿每天身体所需的饮水量。在户外活动后、课间等环节组织幼儿喝水,并提醒幼儿多喝水,逐渐做到根据自己身体的需要主动喝水、足量喝水。教育幼儿养成文明饮用白开水的好习惯,喝水时不争抢、不打闹,注意安全。教育幼儿喝水时不洒水,不在茶水间泼水或把水倒在地面,如发现应及时阻止和处理,保持地面干燥。

3. 注重幼儿个体差异

根据幼儿的年龄特点及实际情况,组织针对饮水环节的主题教育活动,让幼儿知道饮水对自己健康成长的重要性,养成爱饮白开水的好习惯。关注个体差异,随时关注不爱喝白开水、喝水习惯不好的幼儿,保证幼儿每天的饮水量。与幼儿一起开展讨论,共同制定饮水环节班级公约,引导幼儿逐步养成良好的饮水习惯,能安静、有序、及时地喝水,保证身体健康,避免安全事故的发生。

4. 把握教育契机

针对饮水环节发生的安全事故，组织安全教育活动，播放安全活动课件，让幼儿知道饮水环节的事故种类及事故发生的原因，避免安全事故的发生。

5. 鼓励幼儿参与到饮水环节习惯养成的管理中

鼓励中大班值日生提醒其他幼儿有序地接水、把杯中的水喝完等，让幼儿在饮水环节自觉地遵守饮水规则，逐步养成良好的饮水习惯，同时也能让部分能力强的幼儿协助教师做好饮水环节的细节管理，保证幼儿饮水环节的安全。

二、 家园合力，共促安全饮水习惯养成

1. 养成喝白开水的习惯

不用牛奶、饮料给幼儿当水喝，帮助幼儿了解喝白开水的重要性，让幼儿养成喝白开水的习惯。同时，家长也做好喝白开水的榜样。

2. 引导幼儿按时按量安全饮水

教育幼儿知道口渴时及时喝水，学会正确的拿水杯方法，接适量的水，喝水时保证茶杯清洁，喝完水把杯子放回原处，不玩水杯。同时，提醒幼儿喝水时注意安全，观察周围环境，增强自我调控能力。

三、 做安全饮水的主人

1. 开展饮水安全主题教育活动

开展饮水安全主题教育活动，让幼儿讲讲自己班级中和身边的人在饮水时做得对与不对的情况，明白什么是安全的，什么是危险的，相互分享各自的安全饮水经验，引起幼儿的关注与重视，从而避免意外事故的发生。

2. 与幼儿讨论制定安全饮水公约

幼儿一起讨论制定班级安全饮水公约，并设计安全饮水标志，张贴在茶水间的适当位置，让同伴熟知并遵守。

安安小贴士

饮水环节是安全事故多发的时段，教师间应密切配合，不留空档，更要注意日常生活中幼儿安全行为习惯的养成，预防饮水过程中烧伤、烫伤等安全事故的发生，并掌握处理突发状况的必要知识和技能。

跟着平平学儿歌

儿歌一

安全喝水我知道

小花猫,喵喵叫,

安全饮水我知道。

慢慢喝,别呛着,

不推不挤不说笑。

避免烫伤很重要,

多喝开水身体好。

儿歌二

多喝开水身体好

花花瓶子对我笑,

饮料饮料我不要。

多喝开水身体好,

做个健康的好宝宝!

幼儿安全习惯养成建议

健康是一个人获得生存与发展、快乐与幸福的第一条件。但是,在一日生活中的饮水环节经常发生意外事故,给幼儿的生命安全和身心健康造成危害,特别是开水过热引起烫伤,茶水洒到地上让小朋友滑倒等危险情况。

因此,教师要合理分工,明确岗位职责,提前做好饮水环节的准备工作,并以安全教育活动为载体,与幼儿一起讨论制定饮水环节班级公约,在饮水公约设置中注意与幼儿实际生活接轨,符合幼儿的年龄特点。此外,还可以借助于幼儿同伴之间的交流讨论、经验分享等方式,提高幼儿的安全饮水知识和防护意识。

总之,教师不仅可以鼓励值日生参与饮水环节管理,设置奖励机制鼓励幼儿少喝饮料、多喝开水,还可以通过日常生活习惯养成来提升幼儿的安全意识,更好地促进儿童的全面发展。

第五节　如厕环节安全习惯养成

　　幼儿如厕环节，是幼儿在园一日活动中必不可少的环节，也是培养幼儿最基本的生活自理能力的环节，具有承上启下的关键性作用。如厕环节与集体教育活动、游戏活动及户外活动相互影响，有机结合，如果教师不强调安全，忽略对幼儿的安全意识及卫生习惯的培养，那么幼儿在如厕时会面临着很多安全隐患。尤其是对于刚入园的小班幼儿而言，他们生活自理能力较差，日常生活习惯及规则意识尚未养成，更易发生危险。因此，教师应该高度关注幼儿如厕环节的安全问题，认真细致地帮助幼儿有序、安全地如厕，逐步养成良好的如厕习惯，提高幼儿的生活自理能力。

案例分享

案例一

卫生间的"碰碰车"

　　集体活动结束后，王老师组织幼儿去卫生间如厕。幼儿一窝蜂地涌进了卫生间，本来就狭小的卫生间显得特别拥挤。西西、源源和山山等几个小男孩在挤来挤去的过程中，发现这样好像在游乐场里玩碰碰车，十分好玩。于是，在他们的带动下，更多男孩玩起了"碰碰车"的游戏。这时，发现了异常情况的王老师一边快速往这几个男孩身边走，一边说："小朋友们别挤了，小心摔倒。"话音未落，个子较小的奥文就被旁边的小朋友挤到一边，一个趔趄摔倒在地，左侧脸磕伤了。王老师赶快把奥文扶起来，带他去了医务室，保健医生进行了伤部处理和消肿。

案例二

"神奇"的便池

音乐活动结束后,哼着歌的牛牛和几个小朋友一起到卫生间小便。刚进卫生间,小朋友们就"哇"的一声叫了起来,原来,靠着窗户的那个冲便池刚好被阳光照射着,里面的水珠折射出很好看的颜色。大家争先恐后,都想用这个"神奇"的便池。冲在最前面的牛牛和旦旦争吵了起来,牛牛说:"是我先抢到这个位置的,我先解,你去那边!"旦旦也不甘示弱地说:"我每次小便都站这个位置,你站一边去。"说着便用手狠狠地推了一下牛牛,牛牛被旦旦这么一推,一下子坐在了地上,头部刚好磕在卫生间的挡板上,瞬间就鼓起了一个大包,牛牛放声大哭了起来。正在一边给洗手的小朋友挽袖子的田老师听到哭声后连忙过来,看到了受伤的牛牛坐在地上哭,一旁的旦旦气呼呼的,满脸通红。田老师连忙抱起牛牛询问是怎么回事,围在周围的小朋友七嘴八舌地说了起来:"田老师,牛牛和旦旦他俩刚才在抢便池的位置呢。""田老师,旦旦把牛牛推倒了。"大致了解了情况后,田老师把牛牛带到了保健室就医,保健医生仔细检查了牛牛头上的伤势,做简单的处理后,建议田老师按照幼儿意外伤害处理程序,送牛牛去医院做进一步检查,细致确认头部伤情。

案例三

加油！芊芊

今天是小一班幼儿独自在幼儿园的第一天,集体活动后,苹果老师带孩子们到卫生间小便。小女孩在苹果老师的提示下有序排队如厕,这时苹果老师发现芊芊小朋友满脸通红地低着头,站在便池边弄着什么,苹果老师一边问芊芊怎么了,一边向芊芊走去,芊芊听到老师的叫声后,想转头回应老师,却一下子摔倒在地。苹果老师赶快上前把芊芊扶了起来,发现芊芊的裤子还没有提上来,小脚踩到裤腿才摔倒了。苹果老师安抚着哭泣的芊芊,同时帮芊芊把裤子整理好,随后把她带到保健室。医生查看后没有发现有磕伤红肿的部位,于是叮嘱苹果老师要好好安抚芊芊的情绪,并密切观察她的情况,如有不适随时就诊。

回到教室后,苹果老师和芊芊的妈妈及时取得了联系,向芊芊妈妈说明了今天发生的情况。芊芊妈妈说孩子不会提裤子,一直都是妈妈帮忙,送孩子到幼儿园后,忘记向老师说明这个情况。同时，芊芊妈妈也表示以后在家会注重培养芊芊的生活自理能力。

案例分析

案例一中的幼儿年龄小、好奇心强，好玩好动是他们的天性，但同时也缺乏安全意识和自我保护能力。他们能从日常的一个不起眼的细节发现好玩的地方，却也意识不到一个不经意的动作会给他们带来什么样的伤害。文中的幼儿把卫生间当作了游乐场，在推挤中发生了安全事故。针对这一情况，教师应做好幼儿的安全教育工作，培养幼儿如厕时的规则意识和安全意识，避免此类安全事故的发生。

案例二中的安全事故发生在盥洗间，这是安全事故易发的地方。幼儿阶段的孩子大部分都是独生子女，自我意识较强，在家里众星捧月、说一不二，而且有部分家长认为孩子这种以自我为中心、争强好胜的性格将来不管在学校还是走上社会都不会吃亏，所以不仅不以为然，反而鼓励幼儿的这种行为。实际上，这是一种很危险的做法。幼儿园、家庭应加强幼儿安全意识的培养，帮助他们增强和同伴间的交往能力，杜绝此类安全事故的发生。

案例三中的芊芊在如厕时因为不会提裤子而险些受伤，究其原因还是因为芊芊的生活自理能力差，这种情况跟家长的育儿理念和教育方法有关。幼儿园和家庭应携起手来，共同培养幼儿的生活自理能力和独立性。

实操对策

意外总是发生在我们猝不及防时，与其亡羊补牢，不如未雨绸缪，所以我们要从思想上高度重视幼儿的安全问题，将幼儿安全放在工作的首位，处处留心，妥善管理。

一、心系幼儿重安全

1. 教师应增强自身对工作的安全意识

在幼儿园里，孩子年龄小，安全意识差，自护能力不强，对身边的危险没有预见性。教师作为在幼儿园和孩子朝夕相处的直接责任人，首先要树立安全意识，加强自身安全知识学习，同时对幼儿活动的各个环节和周边环境有大致的预判，尤其要注意各个过渡环节的"交接空档"。总之，教师应细心加强安全管理，谨防安全事故的发生。

2. 精细化班级安全管理

班级老师要细化一日活动流程分工,明确各自职责并配合看护好幼儿。要做到眼中有幼儿、心中装幼儿,密切关注幼儿一日动态,保证幼儿活动在教师的视野范围内。在如厕环节,要注意观察幼儿的行动,注意男、女幼儿分开如厕,维持幼儿如厕秩序,保证幼儿如厕安全。

3. 培养幼儿如厕安全意识

盥洗间是孩子们最喜欢玩耍的地方之一,同时也是最容易发生安全事故的地方。在园教师应组织幼儿开展关于如厕环节丰富多彩的安全教育活动。例如,教师可以以情景表演的方式模拟幼儿如厕时的情景,引导幼儿判断哪种做法是正确的,哪种做法是错误的,并说明自己的理由。孩子们通过直接感知、亲身体验、实际操作判断对错,能够更好地理解安全如厕的重要性,树立必要的安全常识,时刻注意如厕安全。

二、 家园共育促成长

1. 引导家长培养幼儿安全如厕意识

利用班级班会、每月安全大讲堂、安全主题活动等场合,就如何培养幼儿如厕安全习惯和家长共同交流探讨,明确幼儿如厕的安全要求规则,同时建议家长加强对幼儿如厕安全习惯的培养,家园合力,共同努力,为幼儿的安全成长保驾护航。

2. 注重幼儿与同伴交往方面的言传身教

家庭是幼儿成长的第一环境,家长作为幼儿人生的第一任老师,在与幼儿相处的过程中一定要注意自己的榜样作用,同时为幼儿创造与同伴交往的机会。当幼儿与同伴发生矛盾或冲突时,引导他尝试并运用协商、交换等方式解决问题,体会与同伴交往的乐趣,避免安全事故的发生。

三、 提高幼儿的生活自理能力和独立性

1. 在家中做力所能及的事

"除了空气和阳光是大自然的赐予,其他的一切都要通过劳动获得。"孩子是独立的个体,具有独立的精神意识和生长需求,作为家长不能单方面剥夺孩子独立的需要。在家里,家长要为幼儿创造自己为自己服务的机会,做一些幼儿力所能及的事情,如如厕、扫地、擦桌子等,这样既能培养孩子的自信心和责任心,又能提高孩子的生活自理能力和技能。

2. 在幼儿园中提升自主性

在班上,教师根据幼儿的能力安排不同形式的"每日劳动小班长"内容,如擦桌子、扫地、倒垃圾、分发牛奶等,让幼儿体验自主劳动带来的快乐以及在集体活动中为同伴服务的自豪感。同时,利用丰富多彩的活动,如叠衣服、穿鞋子比赛、情景模拟剧等,激发幼儿自我服务的意识,提高

生活自理能力,体验自己为自己服务带来的成就感。

安安小贴士

　　教师一定要在工作中重视幼儿的安全问题,培养幼儿安全如厕的习惯,监管到位,时刻提醒,防患于未然,真正让幼儿掌握良好的如厕习惯,保护自己的安全。

跟着平平学儿歌

儿歌一

文明如厕

小朋友,知礼仪,
文明如厕要牢记。
排好队,不拥挤,
如完厕后把手洗。
爱讲卫生身体好,
做个健康的好宝宝。

儿歌二

如厕安全

小朋友,请听好,如厕安全很重要。
别着急,排好队,不拥挤来不打闹。
你不争,我不抢,文明安全要记牢。

儿歌三

自己的事情自己做

会穿衣,会吃饭,
会洗脸,会刷牙,
会如厕,会洗脚。
自己事情自己做,
我是能干好宝宝。

幼儿安全习惯养成建议

每一个孩子都是家庭的希望、祖国的未来,孩子的健康成长是家庭、学校、社会共同的责任。《纲要》中明确指出:"幼儿园必须把保护幼儿的生命和促进幼儿的健康放在工作的首位。"教师要时刻树立"安全第一"的思想,把确保幼儿安全作为首要工作,时刻关注幼儿,防患于未然,尽量避免安全事故的发生。

《纲要》中还指出:"既要高度重视和满足幼儿受保护、受照顾的需要,又要尊重和满足他们不断增长的独立需求,避免过度保护和包办代替,鼓励并指导幼儿自理、自立的尝试。"教育来源于生活又服务于生活。幼儿如厕环节是幼儿园一日活动中的重要环节,它能清晰地反映幼儿最基本的生活自理能力和卫生习惯。安全如厕习惯培养不能放松,教师一定要让幼儿学会安全、文明、自主地如厕,为幼儿健康成长提供支持和帮助。

第六节　上下楼梯环节安全习惯养成

　　幼儿园楼道是幼儿活动的主要交通要道,幼儿每天进班、户外活动、离园等都需要上下楼梯。3—6岁正是身心发展的关键时期,也是养成良好行为习惯的奠基时期。这个年龄段的孩子活泼好动、好奇心强、喜欢追求新鲜刺激,看到什么事物都要摸索一下,所以上下楼梯为幼儿提供了玩乐的机会。

　　教师组织幼儿上下楼梯时要认真细致,照顾到每一位幼儿,留心关注每一个细节,确保上下楼梯的安全。如果教师在幼儿上下楼梯的环节组织不到位、要求不严格、观察不仔细,可能会引发许多安全问题,影响幼儿身心健康发展。

案例分享

案例一

不合时宜的"跑酷"

　　周三上午集体活动结束后,奶茶老师准备带孩子们下楼参加接下来的课间操活动,等教室里所有的孩子都从教室里出来排好队后,奶茶老师就带着孩子们出发了。

　　辰辰和瀚瀚从教室里出来得比较晚,所以排在队伍最后。在跟着队伍下楼梯的过程中,辰辰突然想起昨晚在家里看到的一档跑酷电视节目,里面的人在楼梯上蹦来蹦去,潇洒极了。于是他拉住瀚瀚说:"今天咱俩玩一个好玩的游戏吧!"瀚瀚欣然同意了。于是他俩就故意走慢了一些,等走到拐弯处的时候,辰辰给瀚瀚示范了一个从楼梯高处往下蹦的动作,瀚瀚感到很好玩,兴奋极了,就站在楼梯高处往下蹦。由于站的地方较高,瀚瀚在落地的时候失去了重心,一下子摔倒在地,钻心的疼痛使得他痛苦地大哭起来。听到哭声的奶茶老师赶来查看情况,快速联系了保健医生前来处理,在保健医生的提议和帮助下,奶茶老师把瀚瀚送到了医院。经医生检查诊断,瀚瀚的右腿骨折,需住院治疗。经过两个半月的静养和治疗,瀚瀚的右腿才彻底痊愈。

案例二

楼梯险情

星期五的早上,中一班的草莓老师带着孩子们做完早操后开始整队,准备上楼吃早餐。孩子们排着队跟着草莓老师往楼上走。嘉嘉和喆喆在上楼梯的时候边说笑边打闹,说到兴奋的时候,嘉嘉顺手推了喆喆一把,喆喆一下没站稳,眼看着一个趔趄就要从楼梯上摔下来。走在他俩后面的王老师发现了这个危险的情况。她一个健步迈上台阶,双手紧紧地托住喆喆的身体,帮助喆喆站稳了。有惊无险,两个孩子吓坏了,一言不发。直到回到教室,王老师还在后怕,要是自己当时没有跟在幼儿后面,后果是不堪设想的。

案例分析

案例一中,在下楼梯这个看似平常的小事中,可能存在着我们意想不到的安全隐患,导致安全事故的发生。学前期幼儿对周围世界有着极大的求知和探索欲望,喜欢模仿他人,但是因为安全意识还相对薄弱,运动技能发展不完善,辨别是非的能力不强,所以极易发生安全事故。文中的瀚瀚就是因模仿成人的危险动作而导致自己受伤。所以,幼儿园和家庭要特别关注幼儿,对于幼儿不能把控的行为予以及时制止。从楼梯高处往低处跳是万万不行的,因为楼梯不是平面,具有很大的危险性。此外,本案例中存在管理空档,若幼儿下楼梯时,前后都有老师把控,就不会发生此事故。

案例二中嘉嘉和喆喆的这种危险行为是由于缺乏上下楼梯必要的安全常规的培养和对危险行为不自知而造成的。这和幼儿的年龄有关,也和教育者对幼儿上下楼梯安全的重视程度有关。只有加强幼儿安全管理,才能把危险拒之门外,真正保障幼儿的安全。

实操对策

安全即生命。教育者必须从思想上高度重视幼儿上下楼梯的安全,排查幼儿上下楼梯的安全隐患,从源头上预防安全事故的发生。

一、 教师强化安全意识，注重细节管理

1. 从思想上提升对上下楼梯的关注

教师要从思想上重视每个一日生活环节的安全问题,对大环境的安全有预判,仔细观察并有效组织幼儿。同时,制定上下楼梯环节的班级公约,要求幼儿认真遵守,师生共同提高安全防范意识。

2. 严格把控上下楼梯安全

上下楼梯时,班级老师要合理分工、紧密配合,时刻关注幼儿动态,尤其是容易发生安全事故的环节,一定要留心观察、有序组织。教师要组织形式多样的安全教育主题活动,针对幼儿上下楼梯时存在的安全隐患进行分析讨论,让幼儿明白上下楼梯安全的重要性,强化规则意识并认真遵守规则:不在上下楼梯时追逐打闹、不溜楼梯扶手、小心上下楼梯、不东张西望等。

二、 对家长进行安全培训

1. 家长提升安全意识

通过班级家长会、文明讲堂、家访等向家长宣传幼儿安全的重要性,提升家长的安全意识。

2. 在日常生活中培养幼儿安全意识

在日常生活中培养幼儿的安全意识。例如,家长带孩子上下楼梯时,有时为了增加趣味性,会带孩子在楼梯上蹦来跳去,把楼梯扶手当滑梯扶着孩子滑下去,孩子非常喜欢并会有意识地模仿,但其实他们并不清楚这些行为中隐藏的危险。此时家长就要加强教育,让幼儿明白哪些行为是不能做的,与幼儿园紧密配合,共创家园安全防护网。

三、 强化幼儿上下楼梯的安全意识

1. 开展上下楼梯安全主题活动

开展以"我会安全上下楼梯"为主题的安全课程,明确要求幼儿注意上下楼梯的安全问题,与幼儿一起讨论怎样做是正确的行为,避免危险的发生。要让幼儿明白上下楼梯时要靠右走,排队

上下楼梯时不能奔跑、拥挤或冲撞他人，不能从高处往下跳或从低处往上蹦等，以免发生危险。

2. 以幼儿为主体，制定上下楼梯安全规则

通过情景模拟等教学方式分别向幼儿描述正确的行为和不正确的事例，请幼儿辨别对错并说明理由。还可以请幼儿共同制定上下楼梯的规则，成为规则的执行者和监督者，提高幼儿的安全意识和自我保护能力。

> **安安小贴士**
>
> 　　幼儿每天都要上下楼梯，看似平常的情境却时常发生安全问题，教师一定要重视幼儿安全上下楼梯的安全问题，培养幼儿安全上下楼梯的习惯。

跟着平平学儿歌

儿歌一

安全上下楼梯

小朋友们不拥挤，
排队上下有秩序。
靠右慢行不打闹，
安全规则要记牢。

儿歌二

上下楼梯不拥挤

一二三四五六七，
上下楼梯不拥挤。
靠右行走要记清，
一个一个有顺序。
手扶栏杆慢慢走，
不打闹来不嬉戏。
小小知识记心中，
文明安全陪伴我。

幼儿安全习惯养成建议

　　楼梯是幼儿园的常见设施,孩子们每天都会和楼梯打交道。在孩子们眼中,楼梯间充满了乐趣,他们往往会把楼梯当作游乐设施来玩,全然不知它的危险性。所以,让幼儿学会如何正确地上下楼梯并且养成良好的安全习惯,就显得格外重要。

　　《指南》指出,应"结合活动内容对幼儿进行安全教育,注重在活动中培养幼儿的自我保护能力"。上下楼梯虽然是日常小事,但也蕴含重要的安全教育契机。教师要基于楼梯间发生过的安全事故,通过情景模拟等形式教育幼儿遵守上下楼梯的规则:上下楼梯靠右走、一步一步有秩序地走楼梯、不把扶手当玩具、不推不挤慢慢走,等等。这样既能纠正幼儿上下楼梯时的错误行为,又能培养幼儿良好的安全习惯。

第七节　散步环节安全习惯养成

散步在幼儿园的一日活动中具有重要的意义和作用。餐后和课前老师带着幼儿散步,引导幼儿用一双善于发现的眼睛去留心花草树木,体会四季变化,观察新鲜事物。比如,在小花园里,幼儿可以看看小鸟,近距离观察小蜜蜂、小蚂蚁等,这是亲近自然的好时机,也是他们最惬意和放松的时刻。散步环节具有较强的随机性、开放性和自主性等特征,幼儿人数多,活动范围大,自由性较强,如果教师在这个环节有效引导、精心组织,会带给孩子一场身心愉悦的校园之旅,为接下来的活动奠定坚实的基础。所以,教师要认真组织散步活动,加强散步活动环节的安全教育,预防安全事故的发生。

案例分享

案例一

危险的瞬间

今天上午吃过早饭后,谢老师和薛老师带着孩子到幼儿园新建的小花园里欣赏风景。孩子们在老师的带领下排着队往小花园的方向走,排在队伍中间的苗苗因为生病好长时间都没有来幼儿园了,感觉哪儿都是新奇的,她不停地东张西望,和前后的小朋友叽叽喳喳地谈论着。没走多远,苗苗就一脚踩住了菲菲的鞋跟,菲菲毫无防备,脸部朝下扑倒在地,苗苗也顺带着摔倒了。两个小朋友脸部都擦伤了,顿时大哭了起来。事不宜迟,谢老师把菲菲和苗苗送到了保健室,保健医生经过仔细诊断,发现两位幼儿都是脸部擦伤,没有伤及骨头和其他部位,随即对伤部做了消肿和消炎处理,并嘱咐菲菲和苗苗好好休息。

案例二

无趣的散步

吃过午饭后，大七班的吕老师带着孩子们下楼散步，今天散步的内容依然是沿着操场走几圈。前面的小朋友跟着老师向前走着，队伍后面的几个小男孩可不乐意了，乐乐说："哎！又是绕着操场走，天天都是这样，真没意思。"阳阳和路路表示赞同，古灵精怪的乐乐说："要不这样吧，咱们到滑梯去玩吧。"路路说："老师发现了怎么办？我害怕受批评。"乐乐不在乎地说："怕啥？滑梯离这儿不远，再说吕老师在前边走，不会发现咱们的，走吧！"三个小男孩就悄悄地离开大部队开始往滑梯方向跑。阳阳的速度过快，刚跑出去一会儿，就绊到了地面上的一个小凸起，一下子趴倒在地上。虽然有仿真草坪的保护，阳阳的脸还是被擦伤了，满脸是血。

乐乐和路路看到后都害怕了，赶快跑回去报告给吕老师。吕老师抱着受伤的阳阳快速去了保健室，保健医生对阳阳的脸部进行了仔细清理和详细诊断，发现幸好只是擦伤，抹些药膏，过几天就会好了。

案例分析

案例一中苗苗排队散步时因为东张西望，没有仔细观察前面的情况，也没有和大部队的步伐保持一致，以致踩到其他幼儿的鞋跟，导致两名幼儿都摔倒受伤。处在这个时期的幼儿年龄小，自控能力差，对危险没有预见性，稍有不慎就有可能发生安全事故。基于这种情况，教师和家长都应加强幼儿散步时的安全教育，培养安全意识，尽量避免此类安全事故的发生。

案例二中的散步活动虽然是孩子们最喜欢的活动，但一成不变的散步内容对于探索欲、好奇心强的幼儿来说，很快就会感到厌倦，在散步环节容易开小差，或者脱离教师的视线单独玩耍，安全隐患也就随之产生。教师在散步活动组织上墨守成规，同时缺乏对幼儿的监管，导致了本次安全事故的发生。教师要学会透过问题看到本质，根据散步环节安全事故发生的原因及时调整工作思路，同时真正调动幼儿参与散步活动的兴趣，防范于未然。

实操对策

没有安全,何谈教育?幼儿安全是做好各项工作的保障,即使是轻松愉快的散步环节也暗藏诸多安全问题,所以教育者一定要把安全放在首位,认真组织好散步环节。

一、 教师关注幼儿散步环节安全,提高安全管理工作

1. 树立幼儿散步环节安全意识

教师要树立安全第一的意识,组织幼儿散步活动时要有活动目标和活动范围,对周围环境有安全性预判。加强自身对散步环节的认识,理解散步环节对幼儿的重要性,提高对散步环节的组织及掌控能力。

2. 制定幼儿散步环节安全目标

教师要清楚各个年龄段幼儿的年龄特点和认知规律,制定有针对性的散步环节安全目标,切勿轻视散步环节的安全问题,或在带孩子外出散步的时候对幼儿放松警惕,以免发生安全事故。

3. 散步环节有序组织幼儿

在散步环节教师要有序组织幼儿,保证幼儿在自己的视线范围内活动,看到幼儿有异常行为的时候要及时提醒或制止,确保安全第一。

4. 及时做好散步活动反思

教师在发现问题后应及时反思自己的教育行为,更新教育理念,调整教育方法。例如,用趣味游戏组织幼儿有序排队,在散步的过程中不断变换形式,灵活引导幼儿快乐地进行散步活动。

二、 家长做好配合工作

1. 在日常生活中注意幼儿散步活动安全

家长在日常生活中要时常提醒幼儿注意安全问题,带幼儿外出散步、游玩时教育幼儿要紧跟大人,注意力集中,不左顾右盼,不离开大人独自玩耍。

2. 引导幼儿配合幼儿园散步环节的组织

家长要教育幼儿文明排队,不拥挤,不打闹,配合幼儿园共同培养幼儿良好的散步环节安全习惯。

三、 强化幼儿散步安全习惯

1. 组织幼儿制定安全常规

针对幼儿在散步活动中出现过的安全事故进行安全主题教育,组织幼儿讨论在散步活动中

危险行为都有哪些,帮助幼儿增强明辨是非的能力。同时,共同制定班级安全常规,提醒幼儿相互监督,提高幼儿的安全防范意识和自我保护能力。

2. 妙用奖励强化安全

在班级主题安全教育课上,设置"我是安全小卫士"主题板块,幼儿根据本周自己在散步环节的表现,在班会上做简短的说明,班级幼儿和老师一起选出散步安全习惯良好的幼儿,把他的照片放进荣誉栏,并鼓励其他孩子向表现良好的幼儿学习,共同养成良好的安全散步习惯。

> **安安小贴士**
>
> 散步环节看似轻松愉快,实则危机四伏。教师作为活动的组织者一定要树立敏锐的安全意识,不能因为散步环节不是一节正式的集体活动而放松警惕,而是要做好安全教育工作,以幼儿的发展需要为标准,灵活制定散步内容,为幼儿创设一个安全有趣的散步环境。

跟着平平学儿歌

儿歌一

好好排队

小火车,滴滴滴,
我是火车小司机。
小朋友们排好队,
高高兴兴散步去。
不插队来不乱跑,
饭后散步身体好。

儿歌二

好宝宝去散步

立正稍息队站好,
跟着老师散步了。
听从指挥不乱跑,
同伴之间不嬉闹,
老师夸我好宝宝。

幼儿安全习惯养成建议

　　幼儿作为活泼好动的个体,对外界事物充满好奇和兴趣,自我防护意识和安全意识较为淡薄。所以教师要根据幼儿年龄特点和认知特点组织形式多样的教育活动,同时又要抓住教育契机,及时对幼儿进行安全教育,帮助幼儿掌握一些必要的安全防范能力。

　　作为幼儿教育的主要组织者,教师应心中有目标,行动有方向,时刻把幼儿的安全放在首位。在幼儿散步环节中,教师要对散步的内容和目标有所了解,提高幼儿对散步环节的安全认识,制定散步环节的安全常规要求,组织充满童趣和具有教育意义的活动内容。同时,班级老师要紧密配合,时刻关注幼儿动态,为幼儿创设一个安全有趣的散步环境。

　　幼儿的年龄较小,自控意识差,制定好的散步安全常规未必能时刻谨记在心并认真遵守,安全习惯养成也较慢。所以,教师要经常提醒,加强管理,并且要形成家园共育幼儿的常态,合力为幼儿创设一个安全、温馨、有趣的散步环境。

第八节　午睡环节安全习惯养成

经过一个上午的学习和游戏后,在午饭后睡一个香香甜甜的午觉对孩子来说是一件非常必要的事情,良好的午睡对孩子的精力、记忆力、反应力等方面都有着积极的影响,有利于幼儿身心健康成长。

一个完整的午睡环节包括睡前准备、午睡和起床等,环节繁琐,加上幼儿人数多,午睡习惯各不相同,很容易发生安全事故。所以老师要重视午睡环节的安全问题,做好安全防范,逐一排除安全隐患,为幼儿创造安全温馨的午睡环境。

案例分享

案例一

危险的小珠子

李老师带孩子们在花园里散完步后回到教室,做完午睡前的准备工作后,孩子们安静地躺在床上睡觉了,寝室里一片静悄悄。李老师正在给睡着的小朋友盖被子,突然听到一阵"吭哧吭哧"的声音,李老师循着声音找过去,发现声音来自轩轩的床铺。轩轩满脸通红,小手在鼻子里抠着什么。李老师连忙询问,轩轩眼含泪花,小声地说:"我鼻子里有小珠子。"李老师细看,在轩轩的右鼻腔里果然有一颗蓝色的珠子,就在鼻腔边上,位置不深。李老师一边轻声安抚轩轩,稳定他的情绪,一边用学过的儿童意外伤害急救法小心地把珠子取了出来。随后,李老师又联系了保健医生为轩轩做了进一步检查,确定了孩子除了鼻子外其他部位没有塞珠子。轩轩小朋友因为这件事情受了点惊吓,但并无大碍。

事后李老师仔细询问轩轩这颗珠子的来源,轩轩说这颗珠子是舅舅给他买的玩具枪里的子弹,他想拿来跟小伙伴们炫耀一下,午睡的时候偷偷拿出来玩,不小心把珠子塞到了鼻子里。李老师联系了孩子妈妈,说明了事情的来龙去脉,请家长留意孩子的类似行为,不让孩子把小珠子等危险物品带到幼儿园。在家时也要加强看管,以免发生安全事故。

案例二

松动的床栏

又到了午休时间,小朋友们去卫生间小便后陆续脱鞋子上床睡觉。恬恬小朋友的床在上铺,她像往常一样脚蹬栏杆,手抓床栏往上爬,忽然"嘭"的一声响,恬恬从床上掉了下来,坐在地上边哭边指着左脚脚踝说:"疼!疼!"事不宜迟,王老师迅速打电话联系了保健医生和当日值班领导,保健医生仔细查看恬恬的伤情后和王老师一起把恬恬送到了医院,做更全面细致的检查。检查结果显示恬恬的左脚踝是因为从床边掉下来的时候受到了较大的冲击力导致了扭伤,身体的其他部位没有异常。医生给恬恬开了一些活血化瘀的药物,并嘱咐回家静养至少一个月。

事后班级老师仔细检查了恬恬的床铺,发现是恬恬的床铺栏杆与床连接处的螺丝松动了,恬恬抓着栏杆上床的时候,栏杆螺丝掉了,导致恬恬从床边掉了下来,造成了安全事故。

案例分析

案例一中轩轩这个年龄段的幼儿年龄小,好奇心强,安全意识差,稍有疏忽就会引发各种安全事故。家长没有细致地做好监护工作,家园交接时的晨检工作做得不扎实,所以幼儿把危险物品带入园并在午睡的时候玩耍,导致安全事故发生。所幸老师发现及时并做出正确的处理,才没有酿成大祸。在家园共育方面,家长和教师都应加强对幼儿的安全管理,做好日常安全教育,避免安全事故的发生。

案例二中这起安全事故发生的原因是幼儿园床铺设施老化,针对这起安全事故,幼儿园和教师应加强班级物品安全管理,班级老师认真负责,责任到人,做到事事有人管、人人管到位,才能为幼儿创造一个安全的学习和生活环境。

实操对策

《纲要》中明确指出："密切结合幼儿的生活进行安全、营养和保健教育，提高幼儿的自我保护意识和能力。"安全无小事，危险存在于幼儿一日生活的每一个细节当中。幼儿因为年龄和认知能力发展水平的限制，往往缺乏相应的安全意识和自我保护能力，在午睡环节易发生安全事故。我们应从细节入手，加强幼儿午睡安全管理及教育，提高幼儿自我保护意识及能力，将生命安全放在最重要的地位。

一、 教师加强幼儿午睡安全管理工作

1. 注重对幼儿的晨、午检工作

教师应注重对幼儿进行物品检查工作，即使早上晨检过了，在午睡之前也要再进行细致的午检工作，以免幼儿在午休的时候玩小玩具、小物品，把这些危险的物品塞进鼻孔、耳朵，发生安全事故。

2. 严格制定幼儿午睡常规

根据班级幼儿的实际情况，制定幼儿午睡环节的常规要求，要求幼儿不带异物上床，能独立入睡，养成安静午睡的良好习惯。

3. 反思总结幼儿午睡问题

对幼儿午睡时需要特别关注的问题进行细致的剖析和思考，以提高对幼儿午睡活动的科学认识和重视程度，不断反思并总结经验，增强自身对安全隐患的防范意识。

4. 留心班级物品安全隐患

班级老师作为班级物品的第一负责人，在日常工作中更要细心留意班级物品的安全隐患，如发现桌面、椅子上有钉子要及时收起，床铺有松动异常等情况要及时上报维修，并在出现安全隐患的地方做明显标志，在未修好之前禁止幼儿使用，帮助幼儿避免由于物品的安全问题造成的安全事故。

二、 家庭对幼儿午睡的安全教育

1. 从小培养幼儿良好的午休习惯

家庭安全教育应该从小就抓起，培养幼儿良好的睡眠习惯，不带小玩具上床睡觉，对幼儿不放纵、不溺爱，帮助幼儿养成良好的行为习惯，促进幼儿健康成长。

2. 家园同步育儿

家长应配合幼儿园作息时间,做到家园一致,在家帮助幼儿养成早睡早起的好习惯,更快地适应幼儿园生活。提醒幼儿自觉遵守幼儿园的规章制度,不携带危险物品入园,午睡时要保持安静、独立入睡。

三、 幼儿午睡安全管理细节化

1. 培养幼儿对午睡环节的安全意识

在平常的安全教育活动中,教师通过动画片演示、情景模拟表演等符合幼儿年龄特点和认知规律的方式告诉幼儿在午睡的时候哪些危险的事情不能做,如不带玩具上床,不把小手放到嘴里,不蒙头睡觉,小女孩不玩皮筋或把皮筋缠到手上等,提高幼儿午睡时的安全意识。

2. 加强幼儿自我保护能力

百般保护不如幼儿自护。可请幼儿与同伴商量后共同制定幼儿午睡环节的安全常规要求,以幼儿的视角理解午睡环节安全的重要性,确定行为的安全性,加强幼儿自我保护能力,养成良好的午睡安全习惯。

安安小贴士

午睡环节细节多、问题多,教师必须把安全意识渗透到每一个细节当中,做一个眼尖、心细、嘴和腿都勤快的有心人,排除安全隐患,杜绝安全事故,帮助幼儿养成良好的午睡安全习惯。

跟着平平学儿歌

儿歌一

我是安全小卫士

小朋友们请听好,午休时间来到了。
小小枕头放放好,大大花被盖盖好,
玩具物品不上床,安安稳稳睡午觉,
我是安全小卫士,午休安全记得牢。

儿歌二

安全上下床

小喇叭，滴滴滴，上下床铺要注意。

手抓牢，脚蹬好，香喷喷，睡一觉。

精精神神有力气，健康快乐长得好。

幼儿安全习惯养成建议

午睡对于正在快速成长的幼儿来说具有积极作用，虽然睡觉看似是一件小事，但它与幼儿的健康息息相关。为了幼儿的健康成长，我们要重视幼儿午睡环节，并关注幼儿午睡环节的安全问题。

在幼儿午睡环节中，幼儿所处床位和睡眠习惯等都存在着差异，教师更应该从思想上正确认识幼儿午睡安全问题，精细化管理，注意创造温馨安静的午睡环境，教育幼儿不带小物品上床，用正确的姿势睡觉，上下床注意安全等。另外教师还要做好巡视工作，发现安全问题及时处理，提高对安全隐患的预见性和处理突发问题的能力，力求为幼儿创造一个安全温馨的午睡环境。

良好的午睡习惯不是一朝一夕能培养好的，它需要长期的努力，家庭、幼儿园应合力保持教育观念一致、要求一致，相互配合，共同为培养幼儿良好的午睡习惯而努力，这样才能促进幼儿安全意识的建立，增强自我保护能力，从而避免安全事故的发生。

第九节　离园环节安全习惯养成

离园环节是幼儿由幼儿园集体生活向家庭生活过渡的环节,是幼儿园一日生活的结束部分,也是保教融合的有机载体,更是家长们联系幼儿园的一个很好的窗口,是家长了解幼儿园的桥梁和纽带。因此幼儿园要更加有序合理地组织这一环节,保障幼儿安全离园,为幼儿愉快的一日生活划上圆满的句号。

离园环节容易被忽视,问题源于在两个方面:一方面,在即将结束一天的活动时,教师容易过度放任,缺少必要的组织和管理,所设置的环境和材料不能很好地吸引幼儿投入,幼儿无所事事,就容易出现冲突、磕伤或走丢等情况;另一方面,由于孩子们过于兴奋,见到家人后往往控制不住自己,容易发生安全意外。因此,幼儿园要做好幼儿的安全教育工作,让幼儿了解离园的安全注意事项,让幼儿养成安全离园的好习惯。

案例分享

案例一

"夹"出来的意外

某幼儿园晚饭的餐后时间是幼儿园一日活动最忙碌的时间,主班教师既要组织孩子进行餐后盥洗、整理活动,又要对幼儿进行离园前一日活动的回忆、梳理、小结。配班老师也要进行卫生打扫、送餐具、清洗茶杯和毛巾、整理卫生等活动。因此,离园环节的时间比较紧张又充满忙碌。

今天眼看离园时间就要到了,但刚刚清洗出来的毛巾还没有夹到晾衣架上,于是,李老师便从教室叫来了两个平时比较能干的孩子到盥洗间帮助夹毛巾。彤彤和乐乐两人进入盥洗间后，一开始非常认真地夹毛巾，李老师在一旁清洗水杯。等李老师清洗完水杯，这两个孩子还没有把毛巾夹完。李老师发现餐具还没有送到厨房的洗碗间，便对他们说："彤彤、乐乐，你们快些把毛巾夹完，老师送完餐具就回来。"说完，李老师便急急地端起餐具走了出去。

两个孩子一看到盥洗间里没有老师了，立即活跃了起来，一边夹着毛巾，一边用手里的毛巾甩着对方的身体，嘻嘻哈哈闹个不停。两个孩子越玩越高兴，不一会儿就由原来的互甩毛巾变成追着打闹了，乐乐不停地追着彤彤，彤彤也回头向乐乐甩着毛巾。就在这时，意外发生了，乐乐脚下一滑摔倒了。倒下的乐乐没有立即站起来，而是捂着胳膊哭，听到哭声的刘老师赶紧来到盥洗间，扶起了乐乐。这时，下去送餐具的李老师也回来了。乐乐一直哭着说胳膊疼，刚好离园时间到了，家长在教室外面等着接孩子，刘老师就赶忙通知保健医生并把情况上报给了园领导，同家长一起把乐乐送到了医院。经检查，乐乐小臂骨折，需入院治疗。

案例二

"聊"出来的危险

五岁的豆豆就读于幼儿园中班，这天豆豆妈妈来幼儿园接孩子，恰巧遇到同班的皮皮妈妈也来接孩子。两位小朋友离开教室后，便在幼儿园的大型玩具区玩了起来，而两位妈妈看到孩子有了玩伴，便坐到一起聊起天来。刚开始两人还不时看看两个孩子，后来越聊越投机，同时也想着孩子们在幼儿园玩相对安全些，不会乱跑，就没太在意。不一会儿，就听到攀爬架上有小朋友大哭，豆豆妈妈和皮皮妈妈立即紧张起来，匆匆跑过去，发现是豆豆摔倒在地。原来豆豆急着和皮皮比赛攀爬，手没拉好，从攀爬架上摔了下来。豆豆因为害怕和疼痛而大哭了起来，皮皮在一旁也手足无措。幸亏幼儿园地面上铺设有塑胶地垫，豆豆跌下来的地方不高，才没有造成严重伤害，豆豆妈妈和皮皮妈妈赶紧带着孩子去医院做了进一步检查。

案例分析

对于案例一中的大班孩子来说，教师邀请幼儿适当参与劳动锻炼并整理班级物品，给予了孩子锻炼自我的成长机会，但助教李老师忽视了幼儿性格活泼好动，自控自护能力薄弱，且缺乏必要的安全意识等特点，放松了警惕，而往往事故就发生在一刹那间。彤彤和乐乐在李老师离开后就活跃起来,在追逐过程中又因为地面湿滑而摔倒,最终导致了悲剧的发生。

　　案例二中描述的情况是因为家长安全意识不够,接到幼儿后没有及时离园而造成的。在幼儿园逗留时,家长放松了警惕,疏于对幼儿的管理和照顾。由于幼儿的自我控制能力和自我保护能力都比较弱,很容易发生意外情况。

　　家长接到幼儿后,千万不可不管不顾,让幼儿自由玩耍。教师不仅要引起重视,认真做好离园前的活动组织,同时要宣传到位,提升家长的安全意识,要求家长在接到幼儿后要看护好。此外,提醒家长要做好幼儿的安全教育工作,让幼儿了解离园环节的安全注意事项,养成安全离园的行为习惯。

实操对策

一、 教师应做好离园前的活动组织

　　离园前,教师要做好幼儿情绪稳定工作,可引导幼儿梳理回忆一日生活,讲讲有趣的事,亦可组织幼儿听故事,背儿歌,做手指游戏。离园安全教育儿歌可以天天背诵,以此强化幼儿的安全行为。

1. 严格执行幼儿园的接送制度

　　要求家长必须持接送卡接幼儿,严防错接,出现安全事故。对来接幼儿的临时委托接送者,教师要认真核对,必须与原固定接送者取得联系,得到许可后方能让其接走幼儿。幼儿园要加强管理,严防外来人员进幼儿园内冒领。

2. 清点人数,做好交接

　　清点人数,检查幼儿的手,脸是否干净,衣服是否穿好,是否有尿裤子现象,并观察幼儿的精神状态有无异常。重点关注个别有特殊情况的幼儿,如发现生病或情绪异常的幼儿,要及时向家长反馈,以便家长及时送医治疗。

3. 离园前做好三"看"、三"关"工作

　　三"看"指的是察看确认活动室、午休室、卫生间是否有遗留有幼儿;三"关"指的是确认水、电、门窗是否关好。

4. 开展防走失、防拐骗的安全教育与演练

　　通过安全教育、防拐骗演习等多种方式,增强幼儿的自我保护意识,提高幼儿的自我保护能力。

二、 做好家长工作，家园共促安全

1. 家长配合幼儿园的接送工作

教师应要求家长严格执行幼儿园接送制度，按时持接送卡接送幼儿，严防幼儿错接或走失，接到幼儿后做好管理，避免因管理不严而使幼儿发生安全事故。同时，家长可以作为志愿者参与到幼儿离园环节安全管理中来，与教师一起共同维护幼儿离园安全。

2. 家长加强幼儿接送的安全教育

家长要加强对幼儿的安全教育，教幼儿记住自己所在幼儿园的名称、家长的电话、家庭住址。教育幼儿不单独离园，不跟陌生人走，遇到紧急情况要向警察或其他可靠的人员求助。

三、 促进幼儿安全离园习惯养成

1. 培养幼儿遵守离园常规

提醒幼儿遵守班级离园时段常规，注意离园期间不跟陌生人走，看到家长再向老师告别，不追逐打闹，防止摔伤等安全事故的发生，时刻把安全放在首位。

2. 引导幼儿积极做好离园准备

幼儿要学习养成整理自己的物品的习惯，做好离园前的准备，观察自己的手、脸是否干净，衣服是否穿好，教师还要注意幼儿是否有尿裤子现象，如发现生病或情绪异常的幼儿，及时向其他教师及家长反馈。

安安小贴士

　　教师要根据幼儿的年龄特点开展教育活动，引导幼儿知道离园安全的重要性。针对本班离园时发生的不安全现象，组织谈话或开展教育活动，让幼儿知道意外发生的原因和如何避免这些事故，逐步养成安全离园的行为习惯。

跟着平平学儿歌

儿歌一

小朋友，别着急，
家长马上来接你。
先把小脸洗干净，
再把衣服来整理。

玩具图书放整齐，

静静等待老师请。

叫到名字再出门，

有序再见保平安。

儿歌二

幼儿园，把门开，

爸爸妈妈走进来。

先请大家排好队，

再来接您小乖乖。

大手小手要拉紧，

防止走失保安全。

玩具场内不逗留，

减少意外乐悠悠。

幼儿安全习惯养成建议

　　幼儿园安全工作是各项工作开展的前提，为了保证幼儿离园安全，教师要十分重视离园环节的组织与指导，充分利用离园环节，有计划、有目的地帮助孩子整理物品，回忆总结幼儿园一日生活的收获，科学、规范地引导幼儿进行自主有序地进行离园活动。注意幼儿离园环节安全行为习惯的培养，提高幼儿的自我服务能力和生活能力，同时还要充分发挥家长在离园环节的作用，共同保障幼儿安全离园。

第二章

幼儿学习活动
安全习惯养成

引 言

　　幼儿园学习活动包括集体教学活动和区域活动。幼儿园的集体教学活动指幼儿园和教师有目的、有计划地组织全园幼儿或班级所有幼儿参加的集体活动，对幼儿的学习、智力开发以及诸多技能的培养都具有积极的促进作用。幼儿在园的一日生活中，集体教学活动环节需教师有计划、有目的地精心准备，它是教师投入精力较大的环节。此环节前教师要完成备课、准备教具等相关准备工作。在教育教学活动中，虽然幼儿的各项活动内容都是有序开展的，但是如果教师稍有不慎、组织不当都可能出现遗憾终生的安全事故。现在教师普遍认为孩子越来越难管了，在课堂上不听话的孩子越来越多。有些教师在幼儿园室内集体教育活动的安排中，只关注教学内容的完成，对上课时孩子们坐姿不正确、写字姿势不规范（如有的孩子把笔放在嘴里咬，有的孩子拿着剪刀在班级中走动）等行为视而不见，这往往会引发安全事故的发生。

　　区域活动是另一种重要的自主活动形式，是根据幼儿发展需求和主题教育目标创设立体化育人环境，即充分利用各类教育资源，有效运用集体、分组和个别相结合的活动形式，组织幼儿进行自主选择、合作交往、探索发现的学习、生活和游戏活动。由于班级创设的区域较多，幼儿比较分散，教师在组织实施的过程中既要照顾全体幼儿，又要兼顾个体。在区域活动中，如果投放材料缺乏安全性，或幼儿活动时教师监管不到位、观察不细致，容易造成安全事故。

　　本章梳理出了集体教学活动、区域活动环节存在的一些安全隐患，通过具体的案例分析和实操对策等，重点地加以阐述。

第一节　集体教学活动安全习惯养成

一、关注活动小细节

幼儿园的集体教学活动对幼儿诸多方面的培养都具有积极的促进作用,也是培养幼儿集体意识非常重要的一个环节。教师组织集体教学活动时要细致周到,关注每个孩子,关注每个细节。

案例分享

案例一

调皮的塑胶图形

在数学活动"认识图形"中,幼儿根据教师安排的教学内容,玩图形找家的游戏。一位幼儿双脚蹦到地面上铺设的镂空塑胶图形块上,在落地的一刹那,塑胶图形块受到冲力滑出原地,幼儿仰面摔倒,后脑勺着地,造成轻微脑震荡。

案例二

钻 拱 门

室内音乐欣赏活动时,老师们用几组教学柜搭建好拱形门。豆豆和其他小朋友根据歌曲的内容在拱形门内钻进、钻出,相互嬉戏追逐。由于拱形门比较窄小,孩子们在拱形门处挤成一团,豆豆站立不稳摔倒在地,下巴撞在了搭建拱门的柜子角上,造成下颌处裂伤。

案例三

纸 飞 机

美术活动中,孩子们都用彩色的手工纸折着纸飞机。最后一个环节,老师让孩子们自由玩自己的纸飞机。米米在玩自己折好的纸飞机,飞飞也想玩,他不管三七二十一就把纸飞机抢了过来,撒开腿就跑。"你怎么抢我玩具,还给我!"米米边喊边追了上去。"不给,你追上了我就给!"说着,飞飞在教室里跑来跑去。"飞飞你给我站住,看我不追上你!"米米跟着追呀追。只听"哎哟"一声,米米倒了。"哇——"米米哭了起来……小朋友们把米米扶起来一看,他的膝盖受伤了。老师来了,赶紧抱起受伤的米米跑去了医务室。这可把飞飞吓坏了,没想到自己惹了这么大的祸。他悄悄地走回自己的座位,低下了头……

案例四

调皮的数棒

今天数学活动中小朋友们学习了数的对应,由于使用了小数棒,幼儿的操作兴趣很浓厚,但由于涉及幼儿动手能力的操作,所以老师在进行了一系列的讲解并对具体规则作出要求后,就开始让幼儿进行自主操作了。但由于幼儿自主规则意识还没养成,对数棒还有一定的好奇心,所以他们在区角操作时仍旧比较兴奋。皮皮是个爱说爱动的男孩子,总是趁老师不注意就拿着小数棒敲旁边小朋友的手或者头。由于皮皮的力气没有轻重,所以很多次都把其他幼儿敲疼哭了。

案例分析

集体教学活动是幼儿园一日活动中非常重要的一个环节,形式多样,内容丰富,既能锻炼幼儿的多种能力,又能使幼儿获得愉快的情感体验。集体教学活动一般场面较大,是安全事故易发、多发的环节。集体教学活动前教师应充分准备场地材料,密切关注活动中容易出现的安全隐患,避免安全事故的发生。同时,教育幼儿养成良好的学习习惯,课堂上不随便离开座位、不和同伴打闹等,逐步形成良好的学习品质。

实操对策

教师要提高安全组织教育教学活动的能力,提前备好课,充分考虑活动中的安全隐患,做好应对的准备,学会理智处理突发事件。集体教学活动中,教师要时时关注幼儿,保证幼儿的安全。同时,还可以组织幼儿讨论集体教学活动中存在的安全隐患,加强对幼儿的安全教育,培养幼儿的自我保护能力、安全应变技能和互帮互助的集体观念。

安安小贴士

集体活动中要保证安全第一,从小养成良好的学习品质与习惯。

跟着平平学儿歌

集 体 课

集体课的时间到,

小朋友们请坐好。

认真倾听勤思考,

积极参与兴趣高。

幼儿安全习惯养成建议

在集体教学活动中,教师既要面向全体,也要关注个别幼儿,尊重幼儿的发展水平、已有经验、学习方式等,帮助幼儿获得成就感,让幼儿体验探究学习的快乐。在教育过程中,教师要真正成为幼儿学习活动的支持者、合作者、引导者和安全成长的保护者,引导幼儿学会谦让、学会分享、学会等待、学会用合作、协商的方式进行探索学习。在学习过程中,幼儿要学会友好地和同伴共同使用学习工具,有效地解决与同伴之间发生的矛盾与冲突,与同伴共同学习,共同成长,认识到团结的力量、集体的力量是无穷的。

二、正确使用小椅子

小椅子伴随幼儿的一日生活,能够为幼儿服务,但是使用不恰当也能给幼儿造成伤害。小手放椅子间缝里可能夹到手,把椅子放到头上可能会受伤等。针对小班幼儿刚进幼儿园、自理能力较弱的特点,常规培养要从点滴做起。

案例分享

案例一

磕伤的果果

一次开展语言活动的时候,其他幼儿都在认真听讲,果果坐不住了,玩起小椅子来:她一会儿爬到椅子下面;一会儿站椅子上面、一摇一晃的。老师走过来轻声告诉她这样做很危险,要她坐好,然后又继续上课。突然,只听"咚"的一声,椅子倒了,果果磕到了小椅子上,后脑勺起了个大包。老师立即把果果送到保健医生那里对受伤部位进行消毒处理,然后针对这件事情对全体幼儿进行安全教育。

案例二

饭后小插曲

吃完午饭,老师要求幼儿把自己的小椅子从活动室搬到走廊里。这一天元元最后一个吃完饭,洗完嘴巴后搬椅子去走廊。刚开始,他把椅子夹在左边用一只手搬,老师提醒他要两只手搬椅子,他听见后就开始用两只手搬椅子。不一会儿,老师听见有幼儿的哭声,赶忙跑过去,只见元元双手把小椅子举过头顶,方方捂着头部哇哇大哭。老师连忙让元元把小椅子放下,并仔细检查了方方的头部的红肿,然后立即送到保健医生那里进行处理。老师回来询问了一下情况,是元元要把椅子举到头顶时,椅子腿碰到方方的头部了。

案例三

椅子风波

活动结束后,老师组织幼儿如厕、喝水,回到教室还是坐回原来座位。但是,航航坐到了佳佳的位置上,佳佳站在一旁哭了。老师上前询问,哭泣的佳佳说航航坐她位置,老师就问航航:"航航,你为什么不坐自己的座位上,这是佳佳的位置。"航航听到后站起来准备回自己位置上,但是他同时想搬走佳佳的椅子。佳佳见了赶忙把航航推倒在地,航航的头部磕到地面上。老师赶紧抱起航航查看头部,发现起了一个红肿的包。老师立即把航航送到了保健医生那里消肿。事后老师观察了一下,发现这个椅子和其他有点不一样,比所有椅子高一点。于是老师就从小屋搬出来一个和其他小朋友一样的椅子给航航,告诉他"高的椅子是老师坐的,低的椅子是小朋友坐的,所以你这个高椅子可以还给老师吗?"于是,航航把椅子还给老师,默默回到了自己位置上,佳佳就坐在老师新搬的椅子上。

案例分析

3—6岁幼儿正处于活泼好动的时期,果果和元元比同龄幼儿活动水平更高,因此教师要引导幼儿安全搬椅子,正确使用椅子,避免自己和其他幼儿被椅子伤害。同时,教师可以在椅子上贴上幼儿照片,可避免幼儿争抢。

实操对策

教师可以以拟人化的方法上一节安全教育课,题为《小椅子也会痛》,告诉幼儿:小椅子很喜欢小朋友,你们平时坐在椅子上它们也会很开心地说:"欢迎你和我做朋友",就像我们好朋友拥抱一样。可是当你晃来晃去,一摇一摆的时候,它们也会很痛,会很伤心。所以,小朋友要好好对待他们。而且,晃来晃去的小椅子会让小朋友摔倒,很不安全。针对幼儿活泼好动、缺乏耐心的特点,教师可以先让他做一些锻炼耐心的事情,比如剪纸、画画或规定在几分钟(不要太久)内做一些事情,如果在短时间内完成了,教师可以鼓励或奖励幼儿,之后可以进一步把这个时间延长。

安安小贴士

教育幼儿要遵守搬椅子、坐椅子的规则,搬椅子时平着搬,坐椅子时平稳坐、不晃动。

跟着平平学儿歌

小 板 凳

小板凳,真是好,

天天和我离不了。

挪动时，两手抓，

放胸前，慢慢走，

轻拿轻放最安全，

爱惜公物人人夸。

小 椅 子

小椅子，要坐牢，

摇摇晃晃易栽倒。

小椅子，摆放好，

歪歪扭扭把手咬。

幼儿安全习惯养成建议

结合一日生活流程对幼儿进行安全教育，提高孩子的自我保护能力。如果幼儿在幼儿园发生意外，教师要及时处理并第一时间告知家长。

三、警惕异物进口鼻

不论是在家还是幼儿园，安全隐患无处不在。3—6 岁幼儿天生好动，且对周围的事物充满了好奇心，总想摸一摸，看一看，比如喜欢玩弄小珠子、小纽扣、硬币等……然而，由于幼儿缺乏生活经验和常识，总是会不经意间往嘴、耳朵、鼻子里塞入一些小物品，导致异物入口鼻，因此要对幼儿进行安全教育，以防此类事情的发生。

案例分享

案例一

惊险的抽绳绳卡

在一次语言活动中，孩子们正在津津有味地听着故事，只见森森小朋友不停地把手伸进鼻孔挖，时不时听到他擤鼻子的声音，于是老师走进他跟前问："森森，你怎么了？不舒服吗?""老师,我鼻子里有个东西",他的话音刚落,班上两位老师的神情顿时紧张起来。"孩子,你把什么东西弄进鼻子里了。"正在忙碌的保育老师闻声慌张的赶过来,只见她打开手机上的手电筒开始检查他的鼻孔,然后用手按着没有东西的一个鼻子,让森森用力的往外擤,尝试了很多次鼻孔里的东西依然没有出来,于是赶紧领着孩子来到幼儿园的保健室。经过保健医生仔细检查后,尝试用镊子试了许多次,终于把鼻孔里的东西取了出来。事后森森说出了事情发生的原因,原来在老师讲故事的时候,他边听边玩弄卫衣帽子抽绳上的绳卡,不知怎么就把绳卡塞到了鼻孔里,一开始觉得塞进去拿出来很好玩,后来越塞越深,惊险的事情就这样发生了。

案例二

漂亮小花带来的危险

晚上9点左右,老师的电话突然响了,原来是芮芮的爸爸打来的电话。听完他描述的父女俩的对话,老师的心揪了起来。事情是这样的,离园回到家,孩子和往常一样,洗漱完毕躺在床上,和爸爸聊起了幼儿园里开心的事情。芮芮说:"爸爸,我想给你说个悄悄话,你不许告诉妈妈,也不许告诉老师。"爸爸饶有兴致地凑过神来听她娓娓道来。"今天我的好朋友佳佳送我了一朵花,我可喜欢了,我要送给爸爸,但是她把花塞我的鼻孔里了,说放学的时候才能拿出来。但是我拿不出来,爸爸,你可千万不要告诉老师和妈妈,我只告诉你。"原本开心的爸爸顿时吓出了一身冷汗,赶紧检查孩子鼻孔,可是检查了好久也没看到鼻孔里有什么异物,爸爸这时又问:"鼻子里什么也没有呀?"爸爸觉着孩子一定是说着玩的,也不以为然了,然后和孩子又继续瞎聊一番。但是爸爸越来越觉得不对劲,孩子不像说谎,可鼻孔里也确实不见什么异物,爸爸半信半疑,随后拨通了老师的电话。老师接到电话很焦急,让家长抓紧时间带孩子去医院检查,孩子爸爸带着孩子来到了附近医院,果然,在鼻孔的深处发现了一片小小的花瓣。医生用镊子把花瓣取了出来。谈起这件事,老师很后怕,幸亏去医院把异物取出来了,不然后果不堪设想。原来,在游戏活动时,佳佳偷偷从口袋里取出了一朵花送给自己的好朋友芮芮,因为怕老师看到,所以告诉芮芮要塞到鼻孔里,并且不许告诉老师。

案例三

豌豆射手

在某次美术活动中,小朋友用豌豆制作豆子画。媛媛、花花、明明和涛涛是一组,四位小朋友认真地做着手工。刚做好一个轮廓，涛涛就开始左看看、右摸摸，拿着豆子玩起来。"明明你看，我是豌豆射手！"说着，涛涛将一粒豌豆放进右鼻孔，再一按左边的，呼地一下，把豌豆射到了明明身上。"涛涛，你看我的！"明明学着涛涛的样子，把豆豆放进鼻孔，向涛涛射去。就在两人玩耍的时候，旁边的花花站了起来说："你们这样做很危险，我要告诉老师！"说完她跑向老师，把她看到的一幕告诉了老师，老师严肃地制止了涛涛和明明。

案例分析

幼儿天生好动，对周围的事物充满了好奇心，喜欢玩珠子、纽扣、发夹、硬币以及案例中出现的那些小物品，同时缺乏对自己身体的了解因此很容易发生异物进口鼻的现象。在课堂中注意力不集中的幼儿，更加喜欢摆弄一些小物品，正如案例一中的幼儿，课堂上教师稍有不注意就会发生危险。案例二中的幼儿听话、懂事，没有意识到是会伤害自己健康的事，这对于幼儿是非常典型和普遍的，遇到危险的事情时教师不能及时了解，幸亏家长及时了解、处理且与老师进行了沟通。案例三中的幼儿觉得利用鼻孔射豌豆好玩，却不知道这些物品塞入鼻孔里有多么危险。

实操对策

课堂上，老师需要多关注注意力不集中的幼儿是否有异常的行为和举动，以免类似的事情发生。同时，教师应对幼儿进行安全教育。通过聆听安全故事、学习儿歌、观看视频、展示物品等形式引导幼儿了解异物塞进口鼻耳的危险性，并教育幼儿笔帽、纽扣、棋子、发卡、图钉、硬币等一些小的物品不能往耳朵、嘴巴、鼻子里塞，吃水果或进餐的时候不能大声讲话，否则小饭粒容易进入气管里。此外，还要规定幼儿早上来园时不带小物品。对幼儿强调午睡时、上课等时间不咬衣服扣子、拉链，不玩被角、线头、棉花等，有异物进入口、鼻等处时及时告诉老师，看到同伴不小心把小物品放入口、鼻等处时也要及时告诉老师。在意外事件处理方面，鼻腔异物如果不能被及时发现，时间一长就会腐烂变坏从而引发鼻炎。发现鼻腔异物后不要硬往外挖，以免造成鼻出血和感染。一般圆形异物让幼儿用力擤鼻即可，方法是用手压迫没有异物一侧的鼻翼，然后闭嘴用力呼气，这种冲力可以把异物喷出。如果异物较大用这种方法不能排出或幼儿出现憋喘、脸色发青时要及时就医，请医生取出。

最后，教师还要通过微信群、短信、家长学校讲座、家长会等形式，引导家长在日常生活中对幼儿渗透相关安全知识，提高幼儿安全意识，避免类似事件的发生。

安安小贴士

　　教育幼儿任何东西都不要往鼻孔和耳朵里面塞,身体构造很复杂,取出小异物特别费劲,而且这样做会对自己的身体造成很大的危害。

跟着平平学儿歌

小小异物危害大

异物虽小危害大,

不要随意乱丢放。

塞进鼻腔呼吸难,

放进耳朵听不见,

吞进肚里有危险,

装进口袋不安全。

玩后把它送回家,

做个健康乖娃娃。

幼儿安全习惯养成建议

　　3—6岁的幼儿认知范围比较窄,对身体器官的异常现象通常不知所措,并且感到惊慌、害怕。一旦出现意外事故,孩子往往吓得惊慌失措或者大哭,但意外还是难以避免:他们会经常将异物塞入耳鼻。因此,教师学习正确保护身体器官的简单方法,并引导幼儿了解一些生活中常用的解决方法非常必要。

第二节　区域活动安全习惯养成

区域活动根据幼儿园的重要教育目标，以幼儿的兴趣与需要为主要依据，分为益智区、科学区、美工区、图书区、语言区、建构区、角色区、表演区等类型。教师要投放适宜的材料，引导幼儿在轻松愉悦的学习环境中自主运用材料进行创造性的活动，使幼儿在身体、情感、认知和社会性等方面获得发展。在这一过程中，教师要时刻关注幼儿安全习惯的养成。

一、美工区安全习惯养成

美工区是一个让幼儿感受美、欣赏美、表现美、创造美的小天地，为他们的游戏、学习与创作提供适当的环境和条件，使幼儿在良好的艺术氛围中，自由地观察、欣赏各种不同的艺术品，任意选用不同的工具和材料，根据自己的兴趣和意愿与同伴友好地合作，在宽松、愉快的环境中尽情发挥创造性思维、发掘创造潜能，有条理地进行各种美工活动，表达自己的情感与认识，塑造审美能力。然而，在区域活动中又存在着一定的安全隐患。幼儿年龄较小，感知危险的能力不足，这就需要每位教师用心观察，投放的美工材料不仅要符合幼儿的年龄特点，更要有一定的科学性、合理性和安全性。

（一）安全使用小剪刀

幼儿可以初步掌握一些精细动作，这不仅有益于他们的身体发育，而且对他们的思维发展有重要影响。学前期，很多小朋友都喜欢在美工区用小剪刀，这可能是因为剪刀是比较危险的物品，在家里家长很少让他们使用。为了满足幼儿的兴趣需要，教师要教给他们正确使用剪刀的方法，并在班级美工区给幼儿提供使用剪刀的机会，以提升幼儿的自我保护意识和能力。

案例分享

被剪破的衣角

区域活动时间,孩子们都在快乐地进行着游戏。美工区是大班孩子最喜欢的区域,在这里他们可以进行无限的创造和想象。忽然,有小朋友找到老师说:"不好了,晗晗的衣服被剪破了。"老师赶忙走到孩子的身边,先安慰孩子不要害怕,随后了解了情况,原来是贝贝在使用剪刀制作手工,晗晗觉得好奇就凑过来一看究竟,结果贝贝一不留神就剪到了晗晗的衣服。幸亏没有伤到晗晗,老师捏了一把冷汗。

争夺剪刀危险大

今天美工区的游戏内容是在白纸上粘贴小房子,孩子需要用剪刀把彩纸剪成自己想要的房子的形状,再粘贴在白纸上。小朋友都拿出来了自己的彩纸,先用铅笔在彩纸上画出自己想要的房子的形状,然后拿出剪刀开始剪出形状。浩浩也很快画好了自己想要的房子图形。刚要准备剪,他突然发现自己今天忘记带剪刀了。他开始向旁边的小朋友借剪刀,可旁边的小朋友都在专心致志地剪贴自己的图形,没有人愿意借给他。"让我用一下你的剪刀好吗?"浩浩说。"不行,我还有好多没有剪呢,等我剪完了再让你用。"旁边的小朋友给浩浩解释道。浩浩等了好久,还是没有人愿意把剪刀借给他。眼看大家的图形都快要剪完贴完了,他的心里特别着急。"你就让我用用吧,我一会儿就还给你。"这时浩浩边说边抢夺旁边小朋友的剪刀。"不行不行,我就剩下一个图形了,我现在还要用!"只听"哇"的一声,浩浩哭了起来,原来在争夺剪刀的过程中,浩浩的手被剪刀划伤了,鲜血直流。

案例三

"小美人鱼"引起的风波

　　每天的户外活动时间都是孩子们最开心、最快乐的时刻。在活动场地,他们有的在攀爬,有的在奔跑,有的在走平衡木,玩得不亦乐乎。"老师,我捡到了一把剪刀。"一位小朋友很匆忙地跑到我身边,把一把很漂亮的剪刀递到了我的手中。这是一把粉色的剪刀,上边还印着小小美人鱼的图案。我赶忙把孩子们都喊了回来。我们一起围坐在草坪上。"今天有小朋友捡到了一个小宝贝,交给了老师。现在我想问一下,这个小宝贝是哪位小朋友的呢?"小朋友,你看看我,我看看你。没有一个人回答老师的问题。我又补充说:"没关系的,老师只是想把这个小宝贝还给这位小朋友。"听我这样一说,彤彤小朋友举起了小手。小声地说:"老师,这把小剪刀是我的。""你是不是特别喜欢这把美人鱼的小剪刀呀?""是的,我特别喜欢它,想让它一直都待在我的身边,所以才把它放到了衣兜里。""老师很理解你对这把剪刀的喜爱,也看得出它真的是特别漂亮。但小朋友们想一想,把剪刀放在衣兜里会有什么危险吗?"小朋友们激烈地讨论着,争先恐后地举手说出了剪刀带在身上的危险性。彤彤也渐渐认识到了自己的错误。

案例四

危险的剪刀

　　一天,在美工区,幼儿自行创作美丽的窗花,并要用剪刀裁剪下来。奇奇是一个动手能力很强的男孩子,同时对于新奇的事物充满了积极的探索欲,在老师进行了详细的窗花创作和裁剪过程的示范后,奇奇就开始按捺不住自己的好奇心了,他时不时拿起剪刀戳戳这里,剪剪那里,自己剪了几张窗花后,他开始好奇这把小剪刀除了可以剪纸张,还能剪什么呢?这下,坐在他旁边的朵朵算是遭了殃,奇奇趁老师一个不注意,咔嚓一剪刀下去,把朵朵的头发剪掉了一撮。"啊!"朵朵一声尖叫,这才引起了老师的注意。奇奇这时又准备剪自己的衣服,这可真危险啊。事后,老师对奇奇的行为进行了教育和指导,肯定和表扬了他求知的好奇心,同时也让奇奇向朵朵进行了诚挚的道歉。

案例分析

安全教育是一个长期、连续的过程。幼儿年龄小,好奇心强,对于一切新鲜事物都乐于去尝试,却缺乏准确的判断水平,自我保护意识差,所以每次活动前的安全教育都是必不可少的。教师应在日常生活中调动孩子的积极性、主动性,让他们亲自参与安全教育中,找一找身边哪些地方容易出危险,怎么做才能消除这些安全隐患,把安全意识渗透在一日生活学习之中。剪刀是幼儿园教学中最常见的工具,它能锻炼幼儿手部的精细肌肉力量,也能提高幼儿的动手能力和手眼协调能力。出现以上这种情况,说明孩子们对剪刀怀有好奇心及兴趣,但是他们缺乏对事物正确的判断,因此教师一定要随时保持警惕,注意观察,发现并及时解决问题,避免安全事故的发生。

实操对策

《指南》指出,4—5岁幼儿应该能用剪刀沿轮廓线剪出由直线构成的简单图形。剪东西属于幼儿动作发展的内容之一,使用剪刀能让幼儿动手能力、手眼协调能力得到更好的发展。教师应该从介绍剪刀的安全用法开始,培养幼儿对剪刀的兴趣,提高孩子使用剪刀的安全意识。小朋友们使用剪刀时不能离剪刀太近,小朋友之间也要相互保持一定的距离,小剪刀的嘴巴不要对着其他人,同时尽量不要去碰正在使用剪刀的小朋友。此外,教师还要提醒孩子不要把剪刀放在口袋里,用完剪刀要及时放回原处。

安安小贴士

引导孩子正确使用和收放剪刀。

跟着平平学儿歌

小剪刀

小剪刀,手里拿,
张开嘴,笑哈哈。

咔嚓嚓,咔嚓嚓,

吃饱了,合上嘴。

握住尖尖小嘴巴,

安安全全送回家。

幼儿安全习惯养成建议

首先,教给幼儿正确使用剪刀的方法,告诉幼儿不能用手触摸剪刀的刀口部分。传递剪刀的时候,应该把剪刀合拢,握住合拢的刀尖,将剪刀柄对着他人。使用剪刀时,拇指穿过左边的把柄,食指、中指和无名指穿过右边的把柄,小指抵住把柄,刀尖朝自己的正前方,不能将剪刀拿在手上挥舞,用完剪刀后一定要刀尖朝下插在剪刀盒上。在使用剪刀的过程当中,教师要根据幼儿的兴趣选择活动内容,充分发挥幼儿学习的主动性,丰富幼儿的感性经验,促进幼儿的手部精细肌肉发展,使其更加灵活。培养幼儿正确使用剪刀和拿取剪刀的习惯,提高幼儿的自我保护意识。在美术活动中要选择儿童专用剪刀,剪刀不要太大太重,要适合幼儿抓握,剪刀的刀尖要成圆形,握柄要由塑料制成,这样不会磨伤幼儿的手。

(二) 正确使用水彩笔

油画棒和水彩笔都是幼儿很喜欢用的,幼儿可以用它画出自己喜欢的东西,还能涂上喜欢的颜色。但是美术活动中往往会因为水彩笔、蜡笔而发生一些意外,如,幼儿会把水彩笔放嘴里,舌头变成五颜六色,殊不知多数水彩笔里含有化学物质,吃嘴里对身体有害,很容易中毒;或者把指甲涂上颜色,不经意间吮吸手指;笔尖无意戳到别人也时有发生。因此,要对幼儿进行教育指导,防止此类事情发生。

案例分享

案例一

美丽的裙子

三八妇女节前夕,幼儿园举行活动,让幼儿亲自画一幅美丽的裙子送给妈妈当做礼物。上课前幼儿一听要把画送给妈妈做礼物都非常开心,他们大都很认真地作画,画得各有特点,裙子各式各样的,颜色鲜艳美丽。只有乐乐画纸空白,老师关切地问:"乐乐你怎么不画呢?"她也不说话,手紧紧握着彩笔,看着老师。这时老师发现她嘴唇有颜色,心想乐乐肯定把彩笔放嘴里了,害怕说话时被老师发现嘴巴上的颜色。老师又问她是不是把彩笔放嘴里了,她点了点头。老师让她把嘴巴张开,舌头已经变成紫色的了,还发现她把指甲盖也涂成了紫色的。老师赶紧把她领到盥洗室去清洗,指甲盖的颜色清洗掉了,但是舌头上的不容易清洗。事后老师告诉她水彩笔颜料有毒,是不能放在嘴里的,会伤害我们的身体。

案例二

调皮的水彩笔

一次数学教育活动中,讲完课要写作业了,分发完彩笔幼儿开始写作业。老师发现小明、小刚两人在互相打闹,就提醒他们认真写作业。老师刚一转身,就听到哭声,扭头一看是小明在哭,原来小刚拿手中的水彩笔戳到小明的眼睛了,老师蹲下来看小明的眼睛,有些许的红血丝,小明忍不住揉眼睛,老师告诉他手不能揉眼睛,因为要尽可能减少细菌的感染。随后老师把小明送到保健室,保健医生看看没有大碍,还好只是戳到眼角处,如果戳到眼睛正中,那就严重了。老师紧张的心终于放下,有惊无险。

案例三

灯　笼

今天美工区的小朋友给漂亮的灯笼涂颜色,分发完蜡笔,幼儿都选自己喜欢的颜色涂,画出了五颜六色的灯笼。其中一个幼儿到老师身边说他眼睛里有东西,一只眼睛睁不开了,老师蹲下身子,轻轻地扒开他的眼睛看看,发现眼睛里有少许蜡笔的屑,再看他手上都是刚才涂颜色的蜡笔的碎屑。老师问他:"你刚才是不是揉眼睛了?"他点了点头。老师试着轻轻地吹吹,想把碎屑吹出来,但是没有用。于是赶紧把幼儿领到保健医生那里用棉签把碎屑擦拭出来,并清洗了一下眼睛。幼儿用沾有颜料的手指揉眼睛容易导致眼睛受伤害。

案例分析

《纲要》指出:"艺术是幼儿表达自己的认识和情感的重要方式,要使幼儿大胆地表达自己情感,理解和想象"。幼儿喜欢通过绘画来表达自己情感,发挥自己想象。但是因为他们还小,不懂得怎样使用这些相关的材料,会造成一些不必要的麻烦。

实操对策

幼儿并不知道自己手里拿的东西可能是利器,很容易误伤自己和其他小朋友,所以对于此类事件,教师一定要引起重视,对幼儿进行相关的安全教育,使幼儿增强安全意识,减少安全隐患。幼儿在使用水彩笔、蜡笔情况下,一定要确保每个幼儿都在自己视线内。同时,教师要做好家园沟通,提醒家长在家也应正确引导幼儿使用水彩笔和蜡笔,增强孩子的自我保护意识。

安安小贴士

　　教育幼儿五颜六色的水彩笔长得好看,但是不能放到嘴里,因为水彩笔里含有对身体有害的成分,含在嘴里容易引起中毒。小小蜡笔很漂亮,但对身体的危害也很大,画画时不要用拿蜡笔的手揉眼睛,更不能把蜡笔放在嘴里咬。

跟着平平学儿歌

水 彩 笔

水彩笔,手中拿,
认认真真来画画。
莫把画笔当玩具,
胡乱捣来随意耍。
指甲不能乱涂抹,
颜色不要进嘴巴。
安全使用要记牢,
当个能干小画家。

小 蜡 笔

五颜六色真美丽,
画出大海和小鱼。

不乱涂,不乱画,

不乱丢,不乱撒。

正确使用习惯好,

它爱我来我爱它。

幼儿安全习惯养成建议

水彩笔能帮助幼儿画出美丽的、喜欢的东西,幼儿很喜欢画画也喜欢彩笔。画画的时候教师应要求幼儿不能用牙齿咬笔帽,也不能在衣服上、皮肤上、墙上等进行创作。

(三) 太空泥别放嘴里

现在太空泥的使用很普遍,每个年龄段的幼儿都很喜欢玩。太空泥就是超轻粘土,捏起来更容易,适合捏造型且作品的颜色既鲜艳又可爱。虽然太空泥很漂亮,但是幼儿在玩耍的过程中要特别注意不能食用。

案例分享

案例一

蛋　糕

幼儿很喜欢太空泥,在手工课上幼儿准备用太空泥做蛋糕,他们都很高兴,认真地跟着老师一起捏蛋糕。孩子们有捏双层蛋糕、单层蛋糕、冰激凌蛋糕的,还有捏动物形状蛋糕的,各式各样的蛋糕都有。中途,乐乐告诉老师他的手很痒,老师放下手中的太空泥,仔细看着他的手,发现起了好多的红点点,老师迅速让他放下手中太空泥,领着他去盥洗室清洗后还是很痒。老师心想可能是过敏了,但又不确定过敏原,于是打电话告知他的家长,请家长带幼儿去医院检查。检查结果是乐乐的体质问题导致玩太空泥引起了过敏现象。

案例二

可爱的兔子

在一次泥工课上,教师组织幼儿用太空泥捏小兔子,幼儿观看了动物的影片,纷纷举手发言说兔子的特征。在经过一番精彩的讨论后，孩子们都迫不及待地要玩太空泥了，拿到太空泥之后开心得不得了。有的说："我要捏一个长耳朵的兔子"，有的说："我要捏一个短耳朵的兔子"。孩子们都认真地捏着自己想要的兔子，老师一边巡视一边指导。

涵涵捏的兔子很好看，老师想听她讲解，就过去跟她说话。看到她一直挠耳朵，以为她可能该掏耳朵了，告诉她放学回家记得让妈妈给她掏一掏后，老师就去看其他幼儿的作品并让孩子们上台介绍。这时，老师发现涵涵还在摸耳朵，老师走过去一看，发现涵涵耳朵里塞有太空泥，已经堵满了耳朵，老师赶紧问她怎么回事，原来是她在捏完小兔子后还剩余一些太空泥，就把它塞到耳朵里了，想抠出来，泥却越抠越往里面。老师把她领到保健室，保健医拿手电筒看了看说"太空泥进入耳部较深，赶紧去医院吧"。于是老师就给涵涵的父母打电话，把详情说了一遍，不一会儿他们把涵涵接走去医院治疗。事后老师打电话问涵涵父母，他们说医生拿镊子一点点地把太空泥夹了出来，之后清洗了一下耳根，幸好没什么大碍。老师对这件事情进行了深刻的反思，决定以后在组织此类活动前就要给孩子讲清要求和注意事项，加强对孩子安全方面的教育和引导，避免发生不安全事件。

案例三

五颜六色的汉堡

小班幼儿都很喜欢玩太空泥。在一节课上，幼儿用太空泥捏汉堡，汉堡各式各样，孩子们争先恐后地拿着自己的作品让老师看："老师，你看我的汉堡是红色的""我的是双层汉堡""我的汉堡是圆形的""我的汉堡是方形的"。老师准备把幼儿的作品放到美工区展示，这时，一个孩子跑到老师跟前说："老师，明明把自己做的汉堡吃了"。老师很震惊，赶紧跑过去一看，明明一嘴的太空泥，看见老师就哇哇哭了起来，生怕老师批评她。老师询问明明有没有咽到肚子里，随后领着他去盥洗室把嘴巴洗干净，发现他的牙齿是干净的，再次询问明明有无不舒服，再次询问确定没有吞咽，老师心里那块石头这才放下。放学的时候，老师和家长详细沟通了此次事情，若回家后孩子出现不适情况，立即就医。

案例分析

现在幼儿都喜欢玩太空泥，捏着软软的很舒服。但有一部分孩子确实对太空泥过敏，孩子对太空泥过敏可能与自身体质有关，体质较弱的孩子会对沙、土等过敏，属于沙土皮炎。幼儿年龄较小，自我保护意识较差，太空泥颜色鲜艳，很容易吸引幼儿，孩子在玩的时候，容易把它塞到耳道、鼻腔里。

实操对策

　　入园前要了解每位幼儿是否有过敏原,如果有,教师务必要牢记。同时,教育幼儿自己不小心将异物塞入嘴巴、鼻腔、耳朵时要及时告诉老师。课堂上,教师要善于观察,有些注意力不集中的幼儿最容易发生危险事故。危险无处不在,因此对幼儿的安全教育更要加强,只有让幼儿自己了解怎么做安全、怎么做不安全,才能更好地减免孩子受到伤害的次数。同时,要善于给予幼儿精神的安慰。一般幼儿在自己出现意外的时候,往往会产生恐惧心理,教师应帮助孩子们消除恐惧,给予关爱,鼓励其勇敢面对。教师不能责怪幼儿,对其教育也要适可而止,以免给幼儿心理带来负担。家长在购买太空泥之前,首先要看外包装的产品名称、生产厂名、生产日期、适合年龄、注意事项,不能贪图便宜买一些"三无"的产品。总之,要尽量避免安全上的隐患。

安安小贴士

　　小小太空泥,好看又好玩,但是要告诉幼儿不要把它放嘴里,也不能塞耳朵里或鼻子里,那样会让自己受到伤害。

跟着平平学儿歌

太 空 泥

五颜六色太空泥,
捏捏摆摆真神奇。
不能吃,不乱塞,
玩后小手洗干净,
健康卫生保平安。

太 空 泥(其二)

小朋友,玩彩泥,
不要把它放嘴里。
安全卫生习惯好,
做个懂事乖宝宝。

幼儿安全习惯养成建议

　　3—6岁幼儿安全意识较弱,特别是小班幼儿,往往会被太空泥美丽的外表所吸引,在玩的时候总会出现一些意外。作为教师的我们要引导幼儿了解太空泥好玩也有危险,并让他们掌握一些解决危险的基本方法。

二、角色游戏区安全习惯养成

　　角色游戏是幼儿最喜欢的游戏活动之一,在角色游戏中幼儿能够按照自己的意愿去选择游戏材料、游戏角色,借助真实和替代的材料进行模仿和想象,通过扮演角色,用语言、动作、表情等创造性再现周围社会生活,获得社会性知识、能力和情感的发展。但是,要想有效开展角色游戏,幼儿必须养成良好的行为习惯和规则意识。

　　我国著名的儿童教育家陈鹤琴先生指出:"习惯养得好,终身受其益;习惯养不好,终身受其累。"幼儿期是习惯养成的重要时期。这一时期的幼儿年龄尚小,可塑性强,教师应注意并充分利用幼儿的这一特点,在生活和游戏中有意识地反复对幼儿进行正确行为的强化,持之以恒地帮助幼儿养成良好的行为习惯和正确的生活方式,这样可以大大减少或避免意外事故对幼儿造成的伤害。与此同时,教师还要关注幼儿的社会性发展,尤其要注重培养幼儿的人际交往能力,引导幼儿学会分享与合作,避免彼此之间因不友好、不合群等原因而造成人为伤害事故。

(一) 表演区游戏安全习惯养成

　　在表演区游戏活动开展中,往往会因为材料种类单一或同种材料数量较少导致幼儿起争执。如果幼儿规则意识差就容易造成安全事故,因此,要想有效开展角色游戏,我们必须注重培养幼儿良好的行为习惯和规则意识,帮助幼儿养成学会分享、懂得谦让的好品质。

案例分享

案例一

海军帽风波

　　班上的表演区时常爆满,幼儿总是争先恐后地选择这里,玩得特别热闹。每次在表演区活动时,女孩的兴趣都特别高。她们穿着漂亮的服装,戴着美丽的发饰,随着音乐尽情在舞台上展现自己。然而,男孩参与表演的兴趣却在慢慢降低。

有一次,两个男孩子为了一顶海军帽争吵了起来,一个男孩抢过帽子,把另外一个男孩子推倒在地上,倒在地上的男孩的脸正巧碰在铃鼓的贴片上,划出一道口子,流血了。

案例二

危险的宝剑

孩子们正在玩着角色扮演的游戏。其中一个孩子穿上警服,扮演一名帅气的警察,时而巡逻,时而站岗。突然他接到了"报警电话"就迅速地赶往了"案发现场"。不一会儿两个孩子就"决斗"起来,"我们拿尺子当宝剑吧!"

案例分析

1. 由于角色区大部分材料都是女孩子们喜欢的漂亮服饰,适合男孩的服饰太少,因此来表演区的男孩子越来越少。年龄小的幼儿往往以自我为中心,只管玩自己喜欢的,不懂得谦让和分享,更不懂得等待,在遇到同伴推拉行为时,没有自我防御能力,很容易受伤。

2. 文具形式多样,易讨孩子喜欢。在平时使用时,他们甚至把文具当成了"武器""玩具""食物"……幼儿好奇好动,喜欢探索和尝试,但由于受年龄和认知水平的限制,在探索周围世界的过程中,往往缺少安全意识,缺乏自我保护的能力。教师应引导孩子正确使用文具,增强自我保护意识。

实操对策

1. 在角色区材料的准备上,要多准备一些适合男孩的服装,如海军衣服、空军衣服、警察服装、保安服装、快递员服装、训练服、男孩礼服等,同时满足男孩在表演区的需求。同时,准备一些适合男孩子玩游戏的音乐及道具,如电视剧《西游记》中的主题歌和猪八戒的帽子、孙悟空的金箍棒等,动画片《哪吒》中的主题曲和相关道具等,让男孩在表演时也能彰显自己小男子汉的气概。此外,对于小班的幼儿,在提供道具和玩具时,应更多地考虑孩子的需求,多投放一些平行材料,避免幼儿的争抢行为发生。当幼儿发生事故,教师要及时处理幼儿受伤的部位,并对幼儿进行心理疏导,缓解幼儿紧张情绪,防止留下心理阴影。教师还要通过组织教育活动及游戏活动,对幼儿进行安全教育,增强幼儿的安全意识,提高自我保护能力,更要做好受伤幼儿的家长工作。遇到幼儿受伤的情况,家长最心疼了,教师要与家长及时沟通,安抚情绪避免家长过于紧张与激动。如果幼儿受伤严重,住院治疗,教师要经常去医院探望受伤的幼儿。

2. 教师要让孩子了解学具的作用。知道不恰当使用铅笔、尺子等学具可能带来的危险。培养幼儿的主人翁意识,放手让他们承担一定的任务,使之真正成为生活的主人。在责任感和使命感中引导幼儿学习运用安全知识。

> **安安小贴士**
>
> 教师应教育幼儿,角色游戏区虽好玩,切记不要和同伴伤和气,学习谦让懂规矩。

跟着平平学儿歌

角色游戏真好玩

角色游戏真好玩,
服装道具样样全。
轮流上台去表演,
你当演员我鼓掌。
游戏结束收道具,
表演服装放整齐。
互评互赞共学习,
你开心来我欢喜。

幼儿安全习惯养成建议

由于角色游戏的活动类型多样、内容丰富并且非常有创造性,因此幼儿十分喜爱,这样的宽松、自由、愉快的环境容易激发幼儿的表演欲望,孩子在这样的氛围中能够自由思考,大胆想象、主动选择,创造能力会得到积极发挥。但是幼儿经常会因为不遵守游戏规则、不懂得与同伴谦让而受伤。因此,教师要考虑活动过程中的安全隐患,加强监管并教育孩子学会合作、学会分享、学会与同伴友好相处,互帮互助,共同进步。

(二)"小餐厅"游戏安全习惯养成

幼儿对以"小餐厅"为主题的角色游戏兴趣尤为浓厚,"小餐厅"游戏的主题、角色、情节十分新颖多样,既能锻炼幼儿的多种能力,又能使幼儿获得愉快的情感体验。游戏还为孩子提供了创造性地模仿现实生活的机会,为他们形成良好的社会交往能力打下基础。但是好玩的游戏形式和丰富的游戏材料却隐藏着一定的安全隐患,老师一定要在"小餐厅"主题游戏开展的过程中处处留心,细致引导,及时发现并妥善解决问题,杜绝安全隐患的发生,保证幼儿生命安全。

案例分享

案例一

用厨具　要小心

　　角色游戏时间到了,在美味小餐厅里,孩子们选择好了角色,准备开始游戏。涵涵、小雅担任了小厨师的角色。小美是服务员,要接待客人,负责点菜的工作,向客人介绍菜品以及各种菜的价格,不忙的时候还要帮助厨师。不一会儿,两位客人进入餐厅,这时作为服务员的小美开始接待客人、推销菜品,经过客人的精心挑选,点好了菜:一份奶香面包片,一份水果沙拉,两杯鲜榨果汁。小美对客人说"您稍等"后,就去向厨师报菜,两位厨师分工合作,一个做水果沙拉,一个切面包片,开始有模有样地给客人做饭,并然有序。因为面包、水果都需要现切再交给厨师进行加工处理,所以小美给客人榨好两杯果汁端过去后就马上回两位厨师这里帮忙。切食物是小朋友刚学习的一项工作,孩子们都比较想尝试"切"这个技能。用来切面包的刀是圆头的西餐花刀,用来切水果的刀是稍微尖一点的西餐花刀。涵涵这边很快就进入了角色,她对小美说:"我这里不需要帮忙,你先去帮小雅吧,她需要切香蕉、切圣女果、剥桔子,切的东西比我多。"看涵涵这边切面包切得很认真,也不需要帮忙,小美就去帮小雅。小雅让小美帮忙剥桔子,她自己切香蕉,等小美剥好了桔子时,小雅已经切好了香蕉准备切圣女果啦。圣女果又小又圆又滑,总是一不小心就滚到一边,不太好切。这时,客人们催促小美上菜,小美有点心急,就说:"我来帮你切吧!"小雅有点不情愿,就急躁地说:"我会切。"说着又拿起一个圣女果,像是要证明自己似的,用了很大力气快速地切了下去,只听"啊"的一声,小雅扔下刀,握住了自己的左手,哭了起来。小美吓得不知所措,老师连忙跑过来查看,原来是切到了左手的中指和无名指,万幸西餐花刀刀锋不锋利,伤口不是很深,仅仅划破了表皮。老师连忙将小雅送到了医务室进行伤口消毒、包扎处理。

案例二

会"咬"手的热机器

最近大一班的小餐厅里增设了烘焙坊,每天都生意兴隆。在烘焙房里,小朋友们可以自己亲自动手学习做蛋糕的技能,整个班级都掀起了做蛋糕的热潮。学做蛋糕之前,孩子们都已经观看过老师做小蛋糕的过程。今天是乐乐和皮皮两位小朋友进入烘焙坊学做蛋糕,一名老师在旁边随时引导,关注幼儿动态。乐乐和皮皮兴高采烈地穿好厨师服装,洗干净小手,在流程示意图的指引下,取来一个透明碗,将两个鸡蛋打入碗中,用打蛋器打散打匀。这个过程不太好操作,两个人轮番上阵终于把鸡蛋搅匀了,接着要加入面粉、糖、少许牛奶,继续搅拌均匀,这一回两个人比刚才有经验多了,你搅拌一会儿我搅拌一会儿,终于搅好了。两人长出了一口气:蛋糕糊做好了。接下来要用刷子在蛋糕模具里刷一层油,乐乐和皮皮很快就刷好了油,老师帮忙把蛋糕机通上电预热了一会儿。最后的环节到了,就是把蛋糕糊倒进蛋糕模具内八分满。乐乐比较文静认真,倒蛋液的时候很小心,一点也没有撒出来,很快就倒好了三个模具。等到皮皮倒蛋液的时候就不一样了。他把蛋糕糊倒得边缘上到处都是,皮皮看看自己倒的三个模具,又看看乐乐倒的三个模具,挠了挠头,有点不好意思。正当老师要盖盖子的时候,皮皮突然说:"等一下!"同时,他伸出右手就去抹边缘上的鸡蛋糊,吓得老师立刻去拉皮皮的手,但是为时已晚,皮皮的右手还是挨到了加热中的蛋糕机模具,只听皮皮一声惊叫,手触电般的缩了回来,呆在了那里。老师也顾不上查看皮皮的具体伤情,迅速拉着皮皮到卫生间将他的右手放在冷水下不间断冲洗,然后通知保健医生取冰块来给皮皮的手进行冰敷。由于蛋糕机的温度还没有太高,经过老师和保健医生的及时处理,皮皮的手没有起泡,只是烫出来一片红痕来,抹上烫伤药后两天红痕消失。

案例分析

1. 小餐厅的游戏来源于生活,与孩子的生活息息相关,对孩子有着巨大的吸引力。小餐厅的游戏形式多样,内容丰富,游戏材料有仿真食物,也有真实食物,如水果、蔬菜、面包等,还有大量生活用品如剪刀、刀、削皮器、牙签等,甚至会有一些电器如蛋糕机、小烤箱等,这些物品的使用有时易导致安全事故。

2. 孩子们年龄小、好奇心强、易冲动、安全意识薄弱,操作中容易出现安全事故,所以在游戏过程中尤其是真实物品操作环节,一定离不开教师的用心观察和密切指导。

实操对策

1. 游戏时，教师在选材上既要注意选择食品的安全性、易操作性，又要注意选择操作工具的安全性，尽可能的降低使用的安全隐患。此外，教师要注意每天严格检查小餐厅选用的食品的保质期，杜绝三无产品和过期食品。

2. 教师要组织幼儿讨论有关角色游戏活动中存在的安全隐患，讨论在游戏中如何保护自己与他人的安全，培养幼儿的自我保护能力、随机应变技能以及良好的规则意识。在角色游戏中，教师要注意时时关注幼儿的游戏进度，关注幼儿的需求和情绪的变化，及时发现问题并解决问题，保证幼儿的安全。教师要不断学习，提高自身引导幼儿完成角色游戏的能力，提前做好游戏方案，充分考虑游戏中潜在的安全隐患，做好一切应对安全事故的准备，学会处理一些突发事件，将安全隐患可能造成的伤害降到最低。

安安小贴士

养成良好的规则意识和有序的操作习惯是角色游戏中幼儿生命安全的重要保障。

跟着平平学儿歌

危险的厨具

小小餐厅美食多，

切切摆摆我来做。

各种厨具小心用，

避免受伤身体痛。

安全意识不能少，

遵守规则不打闹。

不慌不忙不争抢，

有序操作我最棒。

热机器　勿触碰

小小机器真神奇，

变出蛋糕香气溢。

小朋友们要注意，

安全使用要牢记。

勿触勿碰热机器，

刷倒取放别大意。

不怕麻烦用工具，

生命安全是第一。

幼儿安全习惯养成建议

　　小餐厅的游戏对于幼儿有着巨大的吸引力，但是好玩的小餐厅却隐藏着一定的安全隐患。幼儿年龄小，自身缺乏安全意识及躲避危险的能力，因此教师要有意识地在一日生活活动中随机对孩子进行安全教育，以增强他们的自我保护能力。教师要规范小餐厅操作流程，督促幼儿严格按流程去操作。每次游戏前，要和幼儿一起讨论当日游戏活动需注意的安全隐患，提醒幼儿注意安全。同时，和幼儿一起探讨并教会幼儿学习保护自己的简单的安全技能，从小培养幼儿的安全防护意识。

(三)"小医院"游戏安全习惯养成

　　孩子们从刚入园开始就非常喜欢小医生这个角色，他们对小医院里投放的形象逼真的工具非常感兴趣，每次的角色游戏时间，都会有很多孩子们一拥而上，就可能会发生争抢玩具的现象并导致安全事故。特别是小医院里边的玩具都很逼真，有针管、小玻璃瓶、棉签等，在玩的过程当中容易受伤。教师一定要有足够的防患意识，做好准备工作，保证幼儿的安全健康。

案例分享

案例一

打　针

　　每周二下午的区角活动又开始了，孩子都特别喜欢这个活动。今天，选择到小医院的孩子有晓洁、雯雯、诺诺还有婷婷四位小朋友。只见他们有的扮演医生给病人看病，有的扮演护士给病人打针，有的还拿着喂药匙给小娃娃喂药，玩得不亦乐乎。

忽然，晓洁跑过来向我汇报："老师，雯雯的手流血了。"我顺着哭声跑过去一看，只见雯雯的小手臂划了一长道血印，脸上挂着泪珠，我连忙问："怎么回事？谁划的？"诺诺手足无措地站在旁边，手里拿着个针管，嘴里嘟囔着："她生病了，我给她打针呢！"旁边的孩子也指着诺诺说是他，我问雯雯："怎么回事？"雯雯哭着说："他给我打针，扎的很疼，扎流血了，呜呜呜……"原来，雯雯来看病，需要打针，而诺诺很认真地当医生，真的给雯雯打针，虽然没有针头，只有针管，但他下手很重，针管深深地扎在雯雯的手臂上，雯雯就想迅速把手臂拉回来，一个扎得用力，一个拉得用劲，针管头就划伤了雯雯的小胳膊，血瞬间流了出来，大家慌作一团。可是诺诺也不知道自己错哪了，觉得医生给病人打针没错啊！

危险的小药瓶

区域时间到了，乐乐和铭铭穿上医生服，平平突然平躺在小医院门口，喊着："我中毒了。"然后就闭着眼睛一动不动。铭铭赶紧从小医院柜子里拿出医药箱。乐乐掀起平平的衣服，拿起剪刀假装在肚脐眼周围剪开一个口子，铭铭说："这个病人中毒很深啊，我们必须把肚子里的毒取出来。"说着，就在肚脐眼周围取出东西放在盘子里，于是两个人在肚脐眼周围一上一下地缝针。这时老师走过来，突然看到平平嘴角有咖啡色的物质，问："平平，你吃的什么？"平平说："我中毒了，看，喝的这个"，说着举起一个小瓶子，老师一看，是个小药瓶，里面竟然还残留着咖啡色的药水。老师连忙问孩子："你喝的是这里面的药水？"平平点了点头，老师吓坏了，赶快带孩子去漱口，并询问喝了多少，然后迅速带平平到医疗室请求医生帮忙。

吸管风波

小医院游戏开始了，小朋友们个个兴致勃勃地进入区角游戏中。忽然不远处传来一阵呼喊声："急救，急救，快让开！"同时，还伴随着救护车"嘀嘟嘀嘟"的响声。立刻，医院挂号处的病人让位了。悠悠大声说："有病人在这，快点急救！"文杰小医生一看，马上上前，拉起病人的手，说："快让病人躺下来！"悠悠又对文杰补充了一句："快点救救病人，他快要死了，快给他补氧气！"文杰一听，在材料区来回走了一圈，拿起一个大瓶和一个吸管，说："这用来做氧气桶！"于是，他对着吸管呼了一口气，然后把吸管接到了病人的嘴巴，正在这时病人大叫一声"好疼"，嘴角直接就流血了，大家慌作一团。小医生拿棉签和纸巾止血。这时老师赶过来，才发现病人的嘴被吸管尖尖的头扎破了，嘴唇上划了一道小口。这个吸管挺长的，幸亏只是扎着嘴唇了，要是再插深一点，就到喉咙里了，后果不堪设想。老师吓出了一身冷汗，让大家停止游戏，进行安全教育，讨论吸管的用法和注意事项，以防后患。

案例四

铅笔针管

大班的孩子特别喜欢小医院的游戏，尤其是"医生"的角色。为了发挥孩子的想象空间，孩子可以选择以物代物来游戏。可这次轩轩却用铅笔当针管给病人打针。"老师，你看我的胳膊被轩轩扎红了……"老师赶忙走了过去，让孩子暂时停下自己的游戏，开始和孩子们讨论轩轩这个方法是否可以，有什么不合适的地方和安全隐患。孩子们都积极参与了讨论。最后大家一致认为铅笔是用来写字、画画的，铅笔头又尖又细，能像针那样扎破纸和布，如果不小心也会扎伤皮肤。老师还补充说铅笔成分中铅里含有毒素，如果不小心断在皮肤里，要找大人或医生帮忙取出。

案例分析

对于小年龄阶段的孩子，小医院成了他们最喜欢去的区域。最近小医院里投放了许多医疗器械，孩子们都争先恐后地抢着进区。在小医院里，很多孩子一生病发烧，扮演医生的孩子就会提出要打针、吃药，而打针和吃药就会存在安全问题。虽然幼儿园里用的都是没有针头的针管，但还是有个凸起的插头，如果孩子们掌握不住打针的力度，很容易扎伤同学，特别是在穿得单薄的夏天。而开的药是用各种材料制作的小药丸，装在用过的小药瓶里，这些都是不能食用的。《指南》中明确指出："幼儿是学习的主体"，因此教师应充分尊重幼儿的"主人翁"地位，让他们真正成为活动的"主人"，自主选择区域、主题，自主操作和自主整理等。孩子们很喜欢打针和吃药的游戏，作为教师不能干预孩子的选择。因此，教师一定要随时保持警惕，注意观察，及时发现并解决问题，避免安全事故的发生。

实操对策

教师在准备操作材料时一定注意替代药品和药瓶要清洗消毒，不能有残留，同时要为幼儿建立小医院游戏时所必需遵守的游戏规则,告诉幼儿要保护自己、不伤害别人。还要组织班级幼儿进行相关讨论:"是不是只要生病发烧就要打针呢?""什么时候需要打针? 怎样打针不受伤?"探讨打针的力度和方法,怎么样打针不会受伤,从而丰富孩子的经验。在幼儿游戏的过程中,出现各种纠纷问题时,教师也要适时介入或引导幼儿掌握处理问题的方式方法,避免发生安全事故。

安安小贴士

　　幼儿应学会辨认药物和一些容易和饮料混淆的有害液体,教师应教育孩子不乱吃药,知道120是急救电话,认识防毒标志等。

跟着平平学儿歌

我是小医生

你来看病我检查,
眼睛鼻子和耳朵,
棉签不能随便戳。
你来看病我治病,
手背胳膊和屁股,
小小针头轻轻扎。
你来看病我诊断,
彩色药丸不能吃,
不明液体要注意。
小小医院真好玩,
安全一定记心间。

幼儿安全习惯养成建议

　　在幼儿时期,孩子总是对周围的事物充满了好奇,喜欢用嘴来感知不同的事物,但是孩子的周围也充满了很多隐患,比如药物隐患。幼儿的药物很多都是甜甜的味道,各种维生素也被卡通软糖的形式取代,这在无形中模糊了幼儿对药物的认识。在孩子看来,它是好吃的食物,它是颜色鲜艳的糖果,但实际上如果不小心被误食,对脏器脆弱的孩子来说将是致命的打击。教师一定要有足够的防范意识,做好药物的分类摆放和妥善处理,保证每位幼儿的平安与健康。

三、建构区安全习惯养成

结构游戏就是运用各种结构玩具或结构材料（积木、积塑、金属结构材料等），通过双手的创造来反映周围现实生活的游戏。结构游戏是一种具有创造意义的游戏，也是一种造型艺术活动。它所使用的材料色彩鲜艳，形状各异，游戏形式多样，深受幼儿的喜爱。同时，愉快的结构活动能促使幼儿身心得到全面和谐的发展。在结构游戏中，无论是进行个别建构还是合作建构，对于幼儿的道德和行为习惯都有一定的要求，如：用完物件学会归放原处、保持周围环境的整洁、珍惜他人的劳动成果、学会合作和协商等等。良好的行为习惯和结构游戏是相互依存，相互促进的关系。教师可以利用结构游戏培养幼儿良好的行为和安全习惯，而良好的行为习惯和安全习惯又是结构游戏顺利进行的重要保证，并能迁移到其他各类游戏活动和学习活动中。

（一）建构游戏安全习惯养成

建构游戏是幼儿主动、自由地利用各种不同的建构材料塑造物体形象、反映周围生活的一项活动。在建构游戏中，幼儿根据自己的兴趣玩积木，进行各种操作练习。他们运用拼插、垒高、砌接等方法搭建物体，不仅能丰富感知和亲身体验，还可以发展空间想象力、创造力、动手能力和建构技能。建构游戏是孩子们最喜欢的活动之一，它作为一种建筑活动，建筑材料是游戏展开的物质保证。然而，孩子们在搬运、堆放、搭建、合作的过程中，难免会在不经意间受到伤害。

案例分享

案例一

惊险时刻

建构游戏开始了，几个小脑袋凑在一起窃窃私语一阵后确定了这次要完成的目标：一起来搭一座城堡。很快，他们搬来了许多积木，不一会儿城堡的墙壁就初具规模了。城堡越建越高，孩子们的劲头也越来越大了。这时鸣鸣小朋友去取积木的时候不小心蹭到了城堡，刚刚建起来的城堡轰然倒塌了。城堡建得太高，孩子们没有任何防备，紧接着几声尖叫，有几个小朋友哇的一声哭了起来。硕硕哭得最凶，边哭边抱着自己的小手。老师们听闻哭声赶快过来查看，仔细检查后发现有两名小朋友被积木砸到了，其中一名小朋友无伤痕，经过安抚情绪稳定。而硕硕的手伤势比较严重，整个食指指甲盖被大块积木砸得呈乌紫色，还伴有红肿。老师连忙抱起硕硕去幼儿园医疗室做紧急处理，保健医生冰敷处理后将孩子送往医院做进一步治疗，并同时联系家长。

案例二

抢积木风波

上午,小四班的孩子们开始建构游戏,他们各自选择了喜欢的积木津津有味地玩起来。小宇和鹏鹏都在用积木搭房子。鹏鹏看中了小宇搭好的房子里的一块积木,二话不说,过去抢了就走。小宇的房子一下就塌了。小宇尖声叫起来:"这是我的,还给我。""不,这是我的。"鹏鹏就是不给。小宇愤怒地拿起一块积木照着鹏鹏的脸上砸了过去,鹏鹏疼的哇哇大哭,鲜血从他鼻子里冒了出来。老师听到了哭声,走过去问:"发生了什么事? 鹏鹏你为什么哭? 鼻子为什么流血?"边说边帮鹏鹏止血。看到鹏鹏的鼻子被砸得红肿,血流不止,老师既心疼又生气,边收拾边问询,鹏鹏哭着说:"老师,小宇抢我的积木,还打我。"旁边的小朋友指着鹏鹏说:"是鹏鹏把小宇的积木抢走了,老师,上次鹏鹏还抢了我的玩具呢!"老师低声问鹏鹏:"是你抢走了小宇的积木吗?""不,这是我的,我要玩的。"鹏鹏大声说,"这是我的,就是不给他。"说着,鹏鹏还把积木紧紧握在手里并把手藏到桌子底下。"鹏鹏,这是幼儿园的玩具,我们大家都可以玩的。"老师严肃起来,"如果你想玩,可以用小嘴巴和小朋友说'让我玩一下',但是不能用手去抢。"鹏鹏看着手里的积木,觉得很委屈,伤心地哭了起来。

案例三

伤人的易拉罐

为了丰富班级的建构区材料,老师会让家长帮忙收集易拉罐、奶粉桶、一次性纸杯等废旧物品,作为建构区的辅助材料。这些材料来源于生活,孩子们比较熟悉,玩起来就比较得心应手。像往常一样,今天大家都去建构区游戏,用易拉罐建构大桥、城堡等。昊昊和轩轩都相中了一个易拉罐,在争抢嬉闹的时候,突然昊昊大叫了一声,老师听见叫声赶过来一看,原来昊昊的小手指被划破了很深的一道口子,鲜血从小手指上冒了出来。老师询问之后,才知道在争抢易拉罐的时候,昊昊的手不小心伸进易拉罐的拉环口里,被易拉罐的边缘划伤了。老师赶快把他送到医疗室进行消毒包扎,保健医生建议去正规医院打破伤风针。

案例四

阳阳磕伤了

建构游戏开始了,班上有几个小男孩儿最喜欢进这个区了。今天,他们早早地进区商讨,准备搭建一座城市,这座城市里有彩虹桥、高楼、幼儿园等。不一会儿,他们就按照自己的计划分工开始了搭建活动,几个人各司其职,做自己该做的事情。刚开始,大家都按照自己的思路进行搭建,忙得不亦乐乎,最后都搭建的差不多的时候,剩下的积木不多了,但每个人都想让自己负责搭建的那块儿更完美,所以都急着抢积木。建构区的地方也不是特别大,而地上已经堆积了不少正在建构的"建筑物"。诚诚的个头比较大,他和阳阳同时抓到了一块儿积木,诚诚使劲推了阳阳一把,阳阳一下子被推倒在地上,而此时地上都是积木,因而阳阳的下巴刚好磕在积木上,顿时鲜血直流。老师赶过去发现阳阳的下巴底下磕了一个大口子,于是赶忙把他送到医院,缝了五针。

案例分析

在建构游戏活动中,孩子们之间有合作的地方就会有分歧,他们经常会因为主观意愿、意见不同而发生争执或争抢玩具等,尤其是在建构游戏时。

3至4岁的孩子最初对外界事物的认识都是从自我出发,即以自我为中心去认识他所接触的外界事物。如鹏鹏看到小宇正在玩的玩具时,也想要玩,不经过语言交流就把小宇的玩具抢走了。"自我中心"导致他认为这是自己要玩的,所以想拿就拿,不给别人玩。同时,现在的孩子家里的大人们都宠着他,顺着他,特别是一直由爷爷奶奶带大的小孩,要什么有什么,在家里都是"小皇帝""小公主",他们缺乏沟通、合作、分享、谦让等集体生活的经验,容易形成以自我为中心的思想观念。尤其是刚上小班的幼儿,更容易争抢自己喜欢的玩具,而不顾别人的感受。

在处理这类问题时,作为一名教师心里应该明确幼儿是否还停留在个体活动的阶段,教师的行为是否有助于培养幼儿解决问题的主动性。教师根据幼儿的年龄特点,采取正确的引导,合理解决幼儿区域游戏活动中的安全问题。

实操对策

首先,制定进区规则,主题班会中请大家一起讨论建构游戏里存在的安全隐患及如何避免,并制定相应的规则,要求幼儿共同遵守。

其次,培养孩子学会与人交流沟通。利用各种机会教育孩子,遇到事情要学会用语言解决。让幼儿知道幼儿园里的物品和玩具都是属于大家的,让所有孩子都明白玩具要大家一起玩,如果想玩别的孩子正在玩的玩具,可以与他人商量。还可以通过讲故事、讲道理等让孩子学着一起玩,轮换玩或交换玩。比如,学会说"一起分享吧",大家一起玩;"交换玩具吧",找一个更好的玩具作交换;"等待一下吧",等别人玩好了再玩,等等。

再次,在一日生活活动中,不断给孩子提供锻炼的机会,培养其解决问题的能力。在小班的时候,教师可以有意识的引导幼儿去观察、模仿,如看到孩子正在玩玩具,上前与他交流:"让我也玩一下好吗?"如果别人不同意,要学会等待。

最后,及时与家长沟通,把孩子在园需要配合纠正的行为习惯告诉家长,争取家长的全力配合,共同努力,进行家园一致的教育。

安安小贴士

教师注意引导幼儿运用礼貌用语进行交流,如"我们一起分享吧!""我们交换玩具吧!""等待一下吧!"等。

跟着平平学儿歌

建构游戏讲安全

建构游戏真有趣,

文明游戏要牢记。

团结协作互谦让,

开开心心在一起。

轻拿轻放守规矩,

游戏结束还回去。

幼儿安全习惯养成建议

建构游戏就是幼儿通过操作各种基本元件材料进行结构造型游戏的场所。而建构区里的材料十分丰富,如室外大型积木、室内中型积木、室内空心积木、塑料积木等,使不同年龄不同能力的幼儿可以随心所欲的将积木搭建成各种建筑物或场景,给幼儿带来了极大的满足感。因此,大多数幼儿非常喜欢建构区。但因为幼儿年龄小,自我管理能力较弱,缺乏积极有效的沟通技巧,处理问题直接、简单,不懂得与人协商,容易出现争抢、打人等不良行为,教师要加强引导,以避免安全事故的发生。

（二）积塑游戏安全习惯养成

积塑是幼儿最喜欢玩的一种玩具，它也可以发展孩子动手操作能力、想象力、创造力以及同伴的交往能力，对幼儿的成长起着很重要的作用。但在游戏的过程中，由于积塑边缘锋利，或者积木偏重，又或者积木偏小被误食了，这些情况都会让幼儿伤害到自己及他人。

案例分享

案例一

好玩的积塑积木

区域活动开始了，方方和圆圆来到了积塑区，这是他们俩第一次在积塑区活动，所以他们在积塑区里开心地玩了起来。不一会儿老师发现他们一起搭建的城堡很高，于是问他们："咦，你们搭了这么高啊，能告诉我你们搭建的是什么吗？"方方小朋友说："我们搭的城堡。"其他小朋友也争抢着告诉老师他们搭建的是什么。老师一个一个看了看，有的是城堡，有的是大桥，有的是房屋。"真好看，你们继续搭建吧。"老师夸赞道。突然听到圆圆哇哇地哭，老师赶紧过去，发现刚才的那个城堡倒了，老师赶紧抱起圆圆，问怎么回事。方方跑过来和老师说："刚才我们要拿那个三角的积木，甜甜看见了，非跟圆圆抢，圆圆不给他，甜甜就过来把我们的城堡推到了，砸到圆圆身上了。"老师了解情况后，检查了圆圆的身体，发现腿部被积木砸得有点红肿，用冰块给他敷了敷，然后对甜甜进行了合理的教育。

案例二

神奇的螺丝积木

游戏开始时，洋洋对老师说："今天我想用新的螺母积木搭建长颈鹿。"他旁边的几名幼儿不约而同的呼应："我也会搭建长颈鹿。"老师说："好的，螺母玩具不但可以搭建长颈鹿，而且还可以'变一变'，用较短、最短的长条积塑改变长颈鹿的腿、颈，在头的两旁搭建上耳朵变成别的小动物，还可以将'腿'去掉插上翅膀……过会儿老师来参观你们搭建的动物王国，好吗？"那几名幼儿欢呼着开始了游戏。"动物王国"完成时，小朋友们高兴地跑到老师面前说："老师，看我搭的小狗，有两只长耳朵。""我搭了一只长翅膀的天鹅。""看我的大马，后面有长长的尾巴。""看我的大象，长长的鼻子好看不？""看我的狮子，厉害不厉害！""我搭的是猴子。"老师惊讶地说："你们搭的动物都不一样，太棒了！我也要试一试。"就在这时，浩浩哭了起来,老师赶忙过去询问,发现浩浩的手流血了,身边还有一块积木上面有血迹。老师询问了浩浩,原来他要用这块积木搭建动物房子,但是木质积木上面有倒刺。老师把浩浩领到保健医生那里进行了清洗、消毒和包扎。

案例三

奇妙的雪花积木

悠悠今天用雪花片拼插"高楼"时没能围合成功,因结构松散,他似乎失去了信心,准备拆除。此时老师看见了,说:"哟,高楼马上就要建成功了!"悠悠沮丧地说:"老师,高楼总是倒塌。""我和你一起来试试看,好吗?"老师和悠悠一起寻找倒塌的原因——楼房四边拐角处的拼插缺少牢固的连接方法。"悠悠,我们在楼房四边再加几片雪花片左右连接,看看行不行?"说完老师递给他几片雪花片,果然,这样做后楼房围合成功了。悠悠开心地对老师说:"成功了,成功了!"当他将"楼房"高高举起时,其他小朋友都过来看,不经意间旁边孩子拼摆的物体倒塌,砸到悠悠的脚了。老师迅速让大家散开,她看了下悠悠的脚面肿肿的,就领着他去保健医生那里用碘伏进行了消毒清理,事后与其的家长进行了沟通。

案例分析

积木数量有限会导致孩子争抢,需要引起关注。同时教师要及时定期检查积木,有损坏的要及时换掉,更换新的。教师还要引导幼儿在玩积木时主动遵守游戏规则,杜绝安全隐患。

实操对策

教师要定期检查幼儿的玩具,有损坏的及时换掉。积塑区的积木要丰富,避免孩子们之间的争抢。教师还应结合一日生活流程对幼儿进行安全教育和社会性教育,提高幼儿的安全意识、自我保护意识和人际交往能力。

安安小贴士

教师要告诉幼儿积木虽好玩,但也要合理运用它。在搭建积木的时候,我们要爱惜积木,也要保护好自己。

跟着平平学儿歌

小 积 木

积木长，积木短，
它有几个尖尖角。
一不小心碰到它，
那可就要危险啦，
搭建城堡要小心，
安全快乐伴我行。

幼儿安全习惯养成建议

幼儿对搭建积木的兴趣很高，也很喜欢玩。积木的结构有大的也有小的，针对大的提醒幼儿不要砸到自己，针对小的提醒他们勿吞食。在玩积木前，要与孩子们制定好规则，减少安全事故的发生。也可以制定一次安全活动，让幼儿更好地了解相关安全知识。

(三) 沙池游戏安全习惯养成

喜欢玩沙是孩子们的天性。每个幼儿园里都专门有一处沙池，并且配有各种玩沙的玩具供孩子们游戏使用。在玩沙的过程中，孩子们会接触到干湿、粗细不同的沙子，感受沙从指缝中流动的感觉，体验沙的特性，发展感知觉；还可以利用沙做蛋糕城堡、在沙上画出有趣的图形等等，充分发挥想象力与创造力；还可以用力拍打沙子或用铲子将沙子铲起，发展手腕精细动作；在玩沙游戏中不断的探索与尝试，还可以给孩子极大的满足感和成就感，提高与小朋友交往的能力。此外，通过玩沙，幼儿对小桶(容器)与沙子之间的关系有了初步理解，尤其是把装满沙子的容器倒扣过来，出现一个个造型时，孩子对空间关系的感知会更进一步。玩沙是儿童与大自然最亲密的接触，他们会沉浸其中，流连忘返……玩沙除了对孩子的上述能力有积极作用，对提高儿童的抗病能力也大有裨益，孩子玩沙子时身体接触沙子里的大量微生物，可以降低皮肤的敏感性，使孩子的免疫系统"认识"细菌，而不会导致过敏。

案例分享

案例一

"蛋糕"好看我不吃

　　今天轮到小班的孩子进行玩沙游戏,孩子们脱掉鞋子走进沙池,贝贝、好好、乐乐一起拿起塑料小桶、小碗、小盆、铲子、小木棒等,玩起"做饭""炒菜"的游戏,只见贝贝用铲子铲起了沙子放入小桶内,好好和乐乐见了也急忙用小碗往小桶里舀沙。几分钟后,一桶沙就满了,贝贝说:"我们一起做蛋糕吧",好好和乐乐拍手叫好,大家把沙子倒在地上,由于沙子比较湿,立刻成了一个"蛋糕"。"蛋糕做好了!"三个人一起拍手叫好!这时乐乐说:"蛋糕上没有奶油和糖果呀!"好好把旁边亮晶晶的仿真彩色糖果(彩色椭圆形玻璃球)放在上面,又把彩砂撒在上面当做奥利奥碎,诱人的"蛋糕"做好了,立刻引来了好多小朋友观看。不一会儿,老师就听到"咔咔"的咳嗽声音,听见一个小朋友喊"老师,贝贝吃蛋糕了!""不能吃,那是假的,是沙子做的!"好好喊着,老师急忙跑过去一看,只见贝贝满嘴彩砂,嘴里还含了一个彩色"糖果",老师连忙让贝贝吐出彩色的玻璃球,立刻带贝贝到医务室漱口并清洗脸部沙子。蛋糕上剩余的"糖果"在太阳光的照射下一闪一闪的,特别诱人,难怪小班孩子当真了。

案例二

沙子里藏着的"宝贝"

　　今天是中二班的玩沙时间,几个小朋友快速脱掉鞋子跳进沙池,他们商量着玩搭建城堡的游戏,这也是班级这段时间的主题。城堡,对于孩子们来说并不陌生,他们在动画片和书本上都听到和看到过。城堡都有着高高的城墙,给人一种神秘的感觉。活动开始后,孩子们各自组合在一起搭建他们心目中的城堡,搭得可起劲啦,一些小朋友充当建筑师指挥着同伴们挖小池塘,造城墙,用木板和易拉罐组合在一起充当砖块,不一会儿城堡就建成了,小朋友们都很高兴地介绍着自己的城堡。这时,一个小朋友说:"城堡上需要安装一个魔镜,我要找一个透明的宝贝,"说着就跑到宝贝箱里开始找,只听见程程惊喜的大叫:"魔镜找到了! 魔镜找到了!"

　　这时几个小朋友都跑过去嚷起来:"让我看看这是什么魔镜,快让我看看!"几个小朋友争夺起来,突然听见"哇"一声大哭,小朋友们忙喊:"老师,程程的手流血了,流好多。"老师急忙跑过去一看,原来是废旧的放大镜边沿有破损。老师急忙掏出纸巾按压程程的手,带他到医务室去。

案例三

飞扬的沙子

今天轮到大三班进入玩沙区,涵涵从篮子中找来了一个水桶和一个滚筒状的玩沙工具,就和小伙伴开始玩起来了。一旁的阳阳蹲在沙池里做饭,在一个铁质的锅里放着泡沫纸剪的很多面条,边做边说:"面条做好了,再放点蔬菜吧!"这时晨曦小朋友忙把塑料模型"蔬菜"递过去。两人正做得高兴,涵涵跑过来看了看问:"你们需要盐吗?"阳阳和晨曦异口同声说:"需要,快拿!""好嘞!"涵涵高兴地捧起一堆沙子朝他们的锅里撒过去。"不要把沙子扬起来,哎呀,沙子进我眼睛里了!"小朋友听到阳阳的叫声跑过来,"老师,快来! 阳阳的眼睛被沙迷住了!"老师听到急忙跑过去,只见阳阳背上、头上、脸上都是沙子,这时涵涵委屈地哭着说:"我不是故意的,我是往他们锅里撒盐呢。"老师安慰了涵涵后立刻带阳阳到医务室清洗眼睛。

案例分析

1. 沙既是固体,又是流体,它变化无常又易被掌握,它那无穷尽的形态和用之不尽的玩法从本质上满足了儿童内心的需求,发展了操作中的创造性。孩子利用湿沙的凝固性做各种爱吃的饼干、蛋糕是件最幸福的事情,但蛋糕需要装饰巧克力、糖果,孩子对形象逼真的仿真食物总是想尝一尝,造成了"贝贝吃糖果"的不良后果。那么,选择合适的装饰物就很重要。

2. 为了在玩沙的过程中满足孩子的好奇心,发展孩子想象力和创造力,让孩子有更深刻的玩沙体验,仅提供沙子和简单的小桶、铲子等工具是远远不够的。教师要给孩子玩沙创造更丰富的物质环境,必须有宝贝箱,收集生活中废旧材料作为辅材。孩子特别喜欢用废旧材料当成游戏中的道具,由于兴趣正浓,好奇心强,控制不住就争夺起来,不会去细心观察材料是否破损,也较少关注小心谨慎取放的问题,因此材料的安全性特别重要。

3. 涵涵出于好心帮助别人送"盐",造成了沙子迷进阳阳的眼睛里。这本来是游戏交往中值得称赞的好事儿,却造成了对阳阳的无意的伤害。另外,孩子在沙堆里折腾玩耍,沙子有时难免会跑到嘴里、鼻子里、耳朵里和衣服上,特别危险,因此教师必须对小朋友玩沙有安全防范要求。

实操对策

1. 用于装饰饼干、蛋糕用的糖果不能选择亮晶晶圆球状的材料,一是容易误导小班孩子"尝一尝";二是如果放到嘴里特别不卫生,万一吞咽更危险,因此首先要筛选一下材料,不能家长拿啥都放到宝贝箱里,还要定期对所有材料进行消毒、清洗,保证卫生、无污染。

同时,加强对小朋友的安全教育,采用集体活动的形式进行安全教育如《彩色糖果我不吃》《玩沙我知道》等,让孩子看看宝贝箱里的物品都有什么,教育孩子不把材料放嘴里。如果孩子需要这些"糖果",可以更换材料,比如用大一些的小石头涂上颜色当做糖果,或者给孩子提供低结构、生态性的材料如贝壳、瓶盖、果壳等,这些材料孩子经常看到,了解其性质,安全性比较高。

2. 教师要严把安全第一关。尖锐、破损材料以及生锈品、玻璃或易碎物品不能让家长带到幼儿园,杜绝小朋友被"魔镜"划伤等事情。

3. 教育幼儿玩沙时不能用手摸眼睛和脸部,万一沙子进眼睛千万不要动,立刻报告老师处理,更不能揉,因为越揉对眼睛的伤害越大。教师可以用纱布蘸上生理盐水或者矿泉水,从靠近鼻子的内眼角朝外眼角清洗,清洗完一只眼睛后,换块纱布清洗另一只眼睛,严重时送医院处理。弄到嘴巴里时让孩子马上吐出沙子并及时漱口,并告诉孩子沙子"不好吃",不要再把沙子放在嘴里了。如果沙子弄到脸上、耳朵里,先用湿巾给孩子擦掉沙子再清洗。如果弄到鼻子里,让孩子用力擤鼻子,把沙子擤出来,再用棉签蘸生理盐水轻轻伸进鼻孔内,把沙子带出来。

安安小贴士

加强安全教育是必不可少的,教师应通过安全课和玩沙后的集体反思加强对小朋友的安全教育,并告诉家长玩沙注意事项,让家长了解幼儿园的要求的同时提醒家长带领孩子玩沙也要注意和幼儿园要求一致,家园同步才能为孩子的安全保驾护航。

跟着平平学儿歌

安全玩沙

轻轻挖沙不能扬,

眼里进沙会受伤。

游戏结束全身拍,

身上沙子抖下来。

水龙头下来洗手，

不让沙子手上留。

幼儿安全习惯养成建议

教师要提醒孩子玩沙子时不要用手摸嘴或把手放进嘴里。不要用手指掏耳朵，这样会把沙子捅进耳朵深处。玩过沙后，提醒小朋友之间间隔一定距离拍打身上的沙子，避免沙子进入身体或被带入教室。玩沙结束后一定认真打肥皂洗手消毒，保证手部清洁。

四、益智区安全习惯养成

益智区是幼儿最喜欢的区域之一，因为那里有他们喜欢的玩具，还可以和好朋友一起玩。但是由于幼儿年龄小，缺乏生活经验，自主游戏的能力并不强，特别是小班的幼儿缺乏分享意识，玩的时候大多是自己玩，容易出现争抢现象。在益智区里，幼儿的座位往往距离较近，容易出现碰撞的现象。另外，若材料投放的数量不足，不能满足每位幼儿的需要，争抢行为就时有发生。

案例分享

案例一

抢玩具风波

早饭过后，和往常一样该进行区域活动了。老师介绍了今天益智区新投放的操作材料后，孩子们开始自由选区进行活动。大部分孩子都非常有序地取进区卡，选择自己心仪的操作材料。但是只见贝贝和乐乐单手搬着椅子直冲益智区，由于两个孩子跑得太快，一下子撞在了一起，又撞在了桌子上。顿时，有序的进区环境变得嘈杂起来……贝贝说："这个钓鱼玩具是我先拿到了，你不能玩。"乐乐说："可以两个人一起钓鱼呀。"贝贝说："我不想和你一起玩，我先拿到的，我先玩。"说着，贝贝用手一把抓在了乐乐的脸上，立马出现了几条指甲印，乐乐疼得哇哇大哭。

爱咬东西的博博

博博小朋友特别喜欢去益智区玩,尤其喜欢数学材料,但是很多操作材料需要用上小扣子、小棒棒、小珠子等物品。有一天博博小朋友在玩数学排序的操作材料,只见他一边用彩色扣子在操作板上操作着,一边把扣子放在嘴里咬着玩,这时在一旁玩的佳佳看到了。"博博,你不能把扣子放嘴里,扣子上有那么多细菌,放在嘴里你就不怕肚子疼吗?"佳佳焦急地劝阻他。这时,博博难为情地把扣子从嘴里拿了出来。

案例分析

1. 由于同类操作材料数量有限,幼儿之间容易发生争抢现象。如果个别孩子不遵守区域规则,也很容易出现争抢的问题。幼儿之间起争执很容易碰到柜子、桌椅上,使自己或他人受到伤害。

2. 益智区中有一些操作材料较小且颜色鲜艳,特别招幼儿喜爱,幼儿很容易在操作的过程中,不自觉地放入口中玩弄,很容易发生危险。

实操对策

1. 教师在设置区域时应尽量使区域场地宽敞,便于幼儿活动和取放操作材料,以免幼儿在取放材料时发生不必要的安全事故。

2. 教育幼儿在操作材料的时候,不要随意把材料放入口中,同时不要把食物以外的其他物品随意放进嘴里,养成良好的卫生习惯。教师投放的操作材料要定期检查、消毒,保证操作材料的安全性、适宜性,便于幼儿安全操作。

3. 教师要做好区域观察指导,观察幼儿对投放的操作材料是否喜欢、是否有兴趣继续探索下去,观察幼儿怎样玩,对幼儿适时介入指导,提高活动的有效性。除此之外,教师更要保证能观察到活动区的每一名幼儿,使其在教师的视线范围之内,减少安全事故的发生。

4. 定期和幼儿一起制定益智区规则,每次活动前一起回忆区域规则及活动中应注意的安全问题,活动中教师随时观察,并做好观察记录。

安安小贴士

教育幼儿进区时一定要遵守区域规则，做一个遵守规则的小宝宝。

跟着平平学儿歌

区域活动讲安全

区域活动最有趣，游戏规则要牢记。

同伴玩耍互谦让，共同游戏互协商。

材料多来自由选，互相谦让不争抢。

不拿玩具当武器，以免皮肤被磕伤。

又尖又硬小角桌，走过路过别慌张。

音乐响起收玩具，安静放回如原样。

幼儿安全习惯养成建议

当幼儿受到伤害，要及时请保健医查看幼儿的伤情，如果伤势不严重，只是皮肤有些微红，请保健医进行简单处理即可。如果伤势严重，要及时将幼儿送到医院治疗。在课堂上，教师要引导幼儿讨论，请幼儿说一说为什么受伤、问题出在哪里、应该怎样做，增强幼儿的安全意识。在活动前，一定要引导幼儿说一说益智区活动的规则要求及注意事项。在活动中，教师要时刻观察幼儿的一举一动，确保幼儿有序进行区角游戏。

五、图书区安全习惯养成

一个小小的坐垫，一张舒适的木椅，一缕温暖的阳光，构成安静而温馨的阅读环境。图书区是小朋友发现语言魅力、产生阅读兴趣的惬意之地。凡是重视幼儿语言发展与语言艺术的幼儿园，都会为幼儿创设良好的阅读环境。阅读区是班级必设区域之一，幼儿在图书区从看书、听故事中体验各种情感，获得情绪上的享受，开阔视野，丰富生活的经验，同时更能增进其想象能力和语言技巧。因此，图书区深受幼儿喜爱。但3—6岁幼儿往往由于阅读习惯不好、喜欢独占图书、不会分享等原因引起抢书行为，也会因为翻书时动作过猛等划伤皮肤。因此在日常生活中，教师要通过身边发生的安全事故教育幼儿增强自我保护意识。

案例分享

案例一

抢书风波

进区活动的时间到了,轩轩、森森、希希三位小朋友拿起进区卡飞快地插进了图书区的卡槽里,然后轩轩和森森直奔图书架拿书。森森先拿到了《揭秘科学》,刚坐到地垫上准备看,轩轩一把抢了过来,"这是我今天刚带来的书,我还没看完,我得先看。"森森委屈地说:"图书区里的书不就是大家一起分享的吗? 你也可以看我的呀!"轩轩吼道:"不行,我要第一个看,这是我的书,我就要先看。"他把书一把抢了过来,森森不甘示弱,趴在轩轩的手上咬了一口,轩轩顿时大哭起来。希希看到他们在抢书,赶紧跑到老师跟前,把老师叫了过来。

案例二

小手被划伤了

森森和几位小朋友一起来到图书区,他们分别选择了自己想看的图书,开始阅读起来。刚开始他们还能各自安静地看书,过了一会儿渐渐聊起天来。森森看了一会自己手里拿的书,觉得没有什么意思,去图书架上又翻看了几遍后,来到了睿睿面前,恳请道:"睿睿,咱们俩可以换一换吗?"睿睿说:"不行,我还没看完呢? 我也想看。"森森不甘心,继续恳求:"我太喜欢这本书了,咱们俩就换换吧。"说着把睿睿的书拿了过去,把自己的书放在了睿睿的面前。这时睿睿生气了,一把把书抢了过来,结果森森的手指头被书划了一道口子。

案例分析

1. 一般中大班孩子在幼儿园经过一段学习和生活,交往能力会强一些,但是年龄小的幼儿往往因为缺乏正确的交流和处理方式,会发生与同伴争执现象,在争执时由于用力过猛经常会把书撕破,甚至出现手被书划伤、幼儿打人咬人的现象。

2. 案例二中的森森原本是个讲文明、懂礼貌的孩子,但是因为年龄小,遇到自己喜欢的东西却又得不到时，便控制不了情绪。另外，小年龄的幼儿还没有学会如何交换图书，更不会分享，因此会发生争抢、受伤的事件。

实操对策

1. 和幼儿共同制定图书区的规则，制作图文结合的规则图，如正确看书的方法、翻书方法、坐姿等，贴在图书区醒目的位置，在每天进区之前，要引导幼儿回忆和巩固阅读区的规则，爱护图书，不撕书，不独占图书，懂得分享。特别地，要求幼儿坐姿正确，让幼儿理解正确坐姿的重要性，看图书时坐端正，眼与书保持适当距离。评价活动情况时，可点评在图书区做得好的幼儿，强化正确的做法。

2. 手划伤、咬伤、抓伤等现象发生时，教师要立即把幼儿送到保健室，由保健医生查看幼儿的伤情，然后给幼儿擦药，告知幼儿注意事项，并安慰受伤的幼儿。同时，要立即打电话或在离园时把详情告知相关幼儿家长。

3. 引导家长在家也要培养幼儿良好的阅读习惯和人际技巧，可以讲些与小朋友友好相处的故事。建议孩子事情解决不了时要找老师，不要和其他小朋友发生争执。

安安小贴士

看书时要爱护图书，一页一页轻轻翻，要懂得和小伙伴一起分享图书。

跟着平平学儿歌

爱护图书

小小图书真好看，

仔细读来轻轻翻。

不撕破，不乱扔，

不去抢，不去争。

认认真真把书看，

开开心心学本领。

幼儿安全习惯养成建议

阅读区是幼儿阅览图书的地方。阅读区的重要作用是激发幼儿的阅读兴趣,提高幼儿的阅读能力,让幼儿养成阅读习惯,知道一页一页地翻看,不撕破图书,不乱扔、乱抢图书,学会与同伴合作分享,在阅读中体验快乐。

六、科学区安全习惯养成

科学区是指在教室内为幼儿进行科学知识学习而专门设定的自主认知、实验探究、具有游戏性质的活动空间。陈鹤琴先生曾说:"儿童的世界是儿童自己去探索去发现的,他自己所求来的知识才是真知识,他自己所发现的世界,才是他的真世界。"游戏既是科学活动的内容,又是科学活动的实施途径。因此,将科学探索活动巧妙地设置在区域游戏中时,孩子们对科学知识的探究与发现,或许从头至尾都是"玩"的过程,正是在"玩"的同时,不自觉地进行着自发性的科学观察和发现,使幼儿张开想象的翅膀,用自己的双眼、双手、双耳感知生活中有趣的科学现象,用语言、用绘画、歌唱或舞蹈来表达内心的感受,从而在幼小的心灵中留下最初对科学活动的酷爱和渴求。因此,在区域游戏中无形地渗透科学知识与内容,培养幼儿仔细观察、自主探究、亲身实践的良好科学学习习惯,能够为以后的成长打下坚实基础。

科学区中会投放一些科学实验材料如镜子、声、光、电、磁等,幼儿在不断探索时,难免会出现打碎或洒落小物品等意外事件,从而引发危险。

案例分享

案例一

会变身的镜子

在科学活动区,几名幼儿正在做"镜子变化"的科学实验,他们有的拿着放大镜,有的拿着平面镜,还有的拿着凹凸镜,正在比较各类镜子的不同。突然平面镜从幼儿手中滑落下来掉到地上,镜子被摔得粉碎。孩子们忙着去收拾镜片,结果不小心划破了手,鲜血直流。

案例二

伤人的小木棒

中班的幼儿正在进行科学小实验"测量"。不一会儿，一名幼儿捂着眼睛哭着跑到老师面前，说某某小朋友用竹签扎了他的眼睛。老师检查孩子的眼睛，发现眼睑处已经明显地出现红肿淤血。老师马上带孩子到保健室做处理，随后将孩子送往医院。后来老师了解到，为了争夺测量木棒，一名幼儿手中拿的竹签扎到了另一名幼儿的眼睑。

案例三

爱"发脾气"的松紧绳

在幼儿园科学探究活动中，红红和兰兰都选择了用松紧绳感知弹力的实验，一开始两人都在小心地尝试。可是没过多久，红红和兰兰就开始拿着同一根松紧绳使劲地拽起来，突然，红红手中的松紧绳脱落弹射出去，击中了兰兰的脸部，兰兰的脸上立刻出现一条蚯蚓状的血印，从上眼皮一直延伸到嘴部。

案例分析

幼儿在自由活动时精神状态比较放松，他们对新奇事物的强烈好奇心和探究欲望往往使他们意识不到危险的存在。教师要提前经过反复操作、尝试实验的内容，保证实验的成功和安全。材料的投放要遵循安全性、适宜性和发展性等原则。安全性，即材料要无毒无害，环保卫生，无杀伤力等；适宜性，即投放的材料要符合幼儿的年龄特点、学习特点以及活动目标等，既不能过于简单稀少，又不能一味追求数量多、品种多，同时要考虑投放材料的多样性、层次性、发展性、创造性等。

实操对策

教师应根据幼儿年龄特点，投入易操作、易观察验证结果的材料。每个科学实验的组件不宜过多、过碎，尤其是电、力方面的实验，要提前检查是否漏电或者"力"是否大于幼儿能够承受的范围。活动中,教师对待幼儿要和蔼可亲,耐心细致,既教授幼儿知识技能,又教会幼儿玩;要努力营造民主、宽松、和谐的活动氛围。在幼儿操作探究的过程中,做幼儿活动的合作者、支持者、引导者,采取灵活多样的方法如引导、启发、商量、讨论、共享等,让幼儿在愉悦的心理氛围中自由想象、大胆探索、自主探究、快乐学习,促进幼儿安全健康成长。

安安小贴士

第一次使用某一操作材料时,教师应与幼儿一起讨论分享如何安全使用材料、使用时可能存在的危险以及如何避免危险发生等。教师应在幼儿对材料的反复尝试中给予适当的安全指导。

跟着平平学儿歌

科学实验

科学实验趣味多,
游戏活动守规则。
多探索来多尝试,
安全操作不忽视。

幼儿安全习惯养成建议

科学区应尽量与相对安静的区域相邻,以免由于注意力分散而导致操作失控。科学区要留有足够幼儿操作走动的空间,如果地方有限,要控制活动人数,避免因拥挤导致碰撞而发生安全事故。教师应根据班级的具体情况科学地设置区域,做到分布均匀,结构合理,将安静和喧闹的区域分开,同时注意排除安全隐患。教师作为区域活动的实践者、开发者和研究者要提升自身的行动研究能力,在区域活动实践过程中,不仅要发展自身的专业技能,也要培养幼儿的自我保护技能和自我防控技能。

第三章

幼儿户外活动
安全习惯养成

户外活动是幼儿园活动的基本组成部分，《指南》健康领域中明确了幼儿每天的户外活动时间不少于 2 小时。《纲要》健康领域中提及，幼儿园要开展丰富多彩的户外游戏和体育活动，培养幼儿参加体育活动的兴趣和习惯，增强体质并提高对环境的适应能力，在活动中培养幼儿坚强勇敢、不怕困难的意志品质和主动、乐观、合作的态度。积极开展丰富多彩的户外活动，既能给幼儿带来欢乐的情绪，提高幼儿运动能力，有效促进幼儿身体发展，也能为幼儿心理发展提供良好的条件，促进幼儿身心和谐发展。

首先，户外活动能够增强幼儿体质，促进身体健康发育。幼儿正处在生长发育的关键时期，身体各器官、系统发育尚未完全成熟和完善，因此对环境的适应能力相对较弱，容易受到各种因素的影响。经常在户外活动的幼儿，身体结实，不怕风寒，一年四季很少生病。幼儿积极参加户外体育活动，能提高身体的适应能力、抗病能力。运动得多，吃饭香，不挑食，个子高，身体生长发育快。

其次，户外活动能够促进幼儿心理健康发展。特别喜欢参加户外活动的幼儿精神面貌好，情绪愉快，活泼好动，性格外向。这说明多参加户外活动能够增强幼儿的自信心，培养幼儿良好的秩序感以及坚强果敢、敢于挑战等多种良好的意志品质。

最后，户外活动能促进幼儿的社会性发展。户外活动往往是需要与其他幼儿一起开展的，即使是比较简单的户外游戏活动，也有不少规则。如：几位幼儿在一起玩滑滑梯，就有一个先后次序的问题；一起踢球，一起玩"老鹰捉小鸡"的游戏，就有合作与配合的问题。户外活动是幼儿解决日常生活问题、积累为人处世的经验的重要途径。幼儿能将从游戏中积累到的经验消化吸收并迁移到将来的日常生活中去。

因此，幼儿园应采用多种形式的活动器械充分调动幼儿参与户外运动的积极性，充分利用户外活动的时间帮助幼儿达到体育锻炼的目的，养成体育锻炼的习惯，并爱上体育活动，以此为幼儿今后各方面的发展提供有力的支持。

《纲要》明确要求：幼儿园必须把保护幼儿的生命和促进幼儿的健康放在工作的首位。户外活动具有环境的开放性、选择的自由性、内容的丰富性、人际交往的频繁性等特点。户外场地活动范围较广，幼儿四处分散活动时，教师的视线不能顾及每个幼儿。此外，由于幼儿生理发育不成熟，骨骼、肌肉发育不完善，加上安全意识较弱，自控能力、规则意识不强，所以容易出现安全事故。因此，保证幼儿在户外活动的安全，培养幼儿户外活动安全习惯就变得尤为重要。本章内容从体育活动、广播操活动、亲子活动、玩具场活动、大型活动等方面论述幼儿户外活动中安全习惯的培养。

第一节　体育游戏安全习惯养成

　　幼儿体育教育是幼儿园教育的重要组成部分。科学、合理的体育活动是增强幼儿体质最积极和最有效的因素，也是增进幼儿健康、实现幼儿全面发展的积极手段。体育游戏是提高幼儿体能的主要活动之一，但是也存在许多安全隐患。3—6岁幼儿身体较弱，动作的协调性和灵活性较差，安全意识较薄弱，在体育游戏活动中不慎跌倒弄伤自己和别人的事时有发生。比如，在奔跑过程中遇到其他幼儿迎面而来，来不及躲闪而摔倒。攀爬的时候不会保护自己的幼儿，教师要特别关注。开展体育游戏时，教师需要反复思考游戏的目标和内容，明确自身的角色，作为体育游戏的设计者、支持者和引导者，保证幼儿在游戏过程中的安全。此外，运动强度大、速度快等原因也可能导致一些安全事故，这需要幼儿提高自身的安全意识和自我保护能力。

一、奔跑安全习惯养成

案例分享

奔跑勿相撞

　　又到了幼儿最喜欢的体育活动时间，在进行了热身后，王老师组织了一场分组竞跑比赛。幼儿被分为四组，教师要求每组幼儿按照规定跑道进行比赛。比赛进行到中途，第三跑道的墨涵在返回途中，与第四跑道的菲菲相撞，二人双双跌倒在地，哇哇大哭起来。王老师迅速赶上前去查看情况，发现墨涵的牙齿磕松动了，满口是血，于是立刻带他前往医院就诊。

案例分析

在平时的自由活动和游戏中,经常会出现以上情况。幼儿喜欢你追我赶、打闹嬉戏,一不小心就会撞到,甚至发生撞伤流血事件,非常危险。幼儿年龄小,身体的协调能力和平衡感不强,预判力和躲闪跑的能力相对较差,这是造成此次相撞的根本原因,而教师为幼儿创设的奔跑空间不够,是造成此次相撞的直接原因。此外,幼儿缺乏相应的锻炼和规则意识这点也不容忽视。

实操对策

1. 创设足够的活动空间,提供安全的活动场地。教师应为幼儿奔跑提供相对较为宽阔的场地,让幼儿多做跑步练习,提高幼儿躲闪跑的能力。

2. 提高预见能力,遇到突发事件及时正确处理。教师要能充分预见活动中可能会发生的事情,做好相应准备,当事情发生时应有良好的应急策略,正确处理,不要遮掩、逃避和恐慌。只要理智地面对,冷静地处理,积极制定解决方案,意外事故就会得到较好的解决。同时,事后要认真分析发生意外事故的起因,总结经验、吸取教训,预防类似意外事故的再次发生。

3. 培养幼儿的规则意识。幼儿遵守游戏规则是活动顺利、安全开展的必要条件。教师应在日常活动中强化和引导幼儿遵守规则,使其形成良好的规则意识,为其在活动中的安全习惯的形成打下坚实基础。

安安小贴士

活动前,讲清活动规则。教师示范后,请个别幼儿再做示范,以便了解幼儿是否已清楚活动规则,为接下来活动的安全开展打好基础。

跟着平平学儿歌

小 飞 侠

小飞侠跑得快,

听指令守规则。

有危险会躲闪，

多练习勤锻炼。

二、跳跃安全习惯养成

案例分享

铅笔伤人了

幼儿园大六班的幼儿在操场上参加体育课，练习双脚跳。教师在草坪上为幼儿铺了三排呼啦圈，幼儿看到呼啦圈都非常兴奋，跃跃欲试。看到幼儿迫不及待的神情，教师进行动作示范、讲解后，便让幼儿们开始了练习。正当幼儿欢快地练习时，突然传来了一声哭喊，原来是涵涵口袋里装着的铅笔扎入了他的小腹，马上就有血液渗出。教师急忙联系园里的保健医生来查看涵涵的伤势，在做了及时的处理后，把他送往医院诊治并及时通知了家长。

案例分析

幼儿年龄小，对自己的行为后果的辨别和控制能力不强，没有预见携带铅笔做双脚跳活动的危险性。而造成本次伤害事故的主要原因是该教师在活动准备部分没有提醒幼儿检查是否携带危险物品。教师具有明显的过错。

实操对策

1. 教师在活动准备时应该对幼儿上课的装束、携带物品等做必要的要求和提示，做练习前进行安全教育。还应在平时的教育活动中加强安全教育，使幼儿获得相关经验，从而尽可能避免类似事件的发生。

2. 教师应加强自身的专业理论学习和技能培训，应该时刻提醒自己绷紧"安全"这根弦。教师事前要充分备课，对活动中可能出现的安全问题要有预见性，尽可能减少活动中的安全隐患，保障幼儿的生命健康及安全。幼儿园必须制定一套完善的意外事故应急预案，提高教师和保育员加强幼儿安全教育的意识,就幼儿日常生活的每一个环节的安全问题进行缜密的考虑。

3. 教师要让幼儿了解到铅笔等锐利物品会给他们带来的伤害,通过多种途径让幼儿获得相关经验,比如观看相关视频、组织相关探究活动、科学教育活动等。

安安小贴士

　　活动之前加强幼儿衣物、口袋等处的检查,将所有与活动内容无关或不利于活动的事物清理干净,防患于未然。

跟着平平学儿歌

户外活动真有趣,蹦蹦跳跳长身体。
小小口袋查仔细,干干净净没问题。
不伤他人不伤已,开开心心做游戏。

三、攀爬安全习惯养成

案例分享

攀爬梯，要抓紧

　　小三班的幼儿在操场上参加体育活动。王老师为了激发幼儿活动的兴趣,在草坪上摆放了很多轮胎、梯子等活动器具,供幼儿练习攀爬。王老师提示说:"小猴子们请你们自己想办法从梯子上过去,不能掉下来,看谁勇敢,看谁本领大。"幼儿看到梯子都非常地兴奋,跃跃欲试。幼儿自由选择想要爬的梯子和轮胎,并想办法从上面过去,玩得热火朝天。王老师发现胆小的晓晓一直在旁边看,他正要走过去鼓励晓晓尝试练习,突然发现哲哲从梯子的另一端跌落下来。王老师赶忙跑过去,只见哲哲一只手抹眼泪,另一只手有点僵硬地耷拉着,小臂的皮肤表皮有一部分红肿,还出现了血丝。原来是哲哲在梯子上正要下来的时候,后面的几个幼儿争先恐后要爬梯子,引起梯子的剧烈晃动,哲哲没有抓紧,从上面掉了下来,摔倒在地。王老师急忙带着哲哲到保健室,幸好经园里的保健医生检查后,确认并无大碍。保健医生对哲哲的小臂进行了双氧水冲洗、碘伏消毒和医用纱布包扎处理后,把他送往教室休息,请班上的配班老师照顾。

案例分析

　　幼儿年龄小，安全意识薄弱，一旦玩起来就特别兴奋，无所顾忌，由此导致此次事故的发生。小班幼儿身体各个部位发育不完善，特别是小肌肉的发育刚刚处于快速生长的初期，力量薄弱。梯子的光滑程度、粗细程度等对于小班幼儿的手部掌控能力都提出了较大的考验。体育课上一般有主教老师、助教老师两人参与体育游戏的组织。主班老师要照顾到十多个幼儿的游戏活动，没有和助教老师做好工作分工，以至于没能提前发现此次安全问题，造成哲哲的跌落摔伤事故。

实操对策

　　1. 教师应充分"备课"，备目标，备教材，备幼儿。活动的目的是使幼儿得到适宜性的提高，活动内容、活动方式、活动器材应符合现阶段幼儿的发展水平，活动目的才有可能得到真正的实现，使幼儿得到健康的发展。

　　2. 教师在课堂的组织上应照顾到全体幼儿，采取科学、有效、安全的组织方式。比如：可以将幼儿分成两队，每位老师照看一队，或者分成三队，两位老师站在两队中间照看三队幼儿，这样相对来说更合理一些。

　　3. 案例中王老师正要去鼓励胆怯的晓晓的时候，另一边出现了此次事故，这说明老师在课堂中发现问题、处理问题的合理性上需要加强。当发现胆怯的晓晓需要鼓励的时候，可以请其他幼儿先做一下示范，然后再邀请晓晓尝试并加以特别指导，在晓晓完成后及时给予鼓励，让其有信心完成爬梯子的练习。

安安小贴士

　　在游戏活动之前，教师一定要讲清楚游戏规则，合理设置活动环节，照顾好全局。

跟着平平学儿歌

攀爬梯，要注意。

往前看，手抓紧。

脚踩牢，腿用力。

防摔伤，要牢记。

四、平衡安全习惯养成

案例分享

过"小桥"

一次中班体育活动中,李老师组织了一场"平衡王"挑战赛,游戏的规则是头顶沙包,双手两边侧平举,从平衡木上走过去。能快速走过平衡木,且沙包没有掉下的小朋友为胜利者。老师提醒幼儿走平衡木的过程中要注意安全。示范后,老师将幼儿分成两队,让幼儿开始比赛。比赛进行到后半段,不少幼儿不自觉地都加快了脚步。文文脚下步子稍微快了些,沙包滑落时他用手去扶沙包,失去了平衡,从平衡木上摔了下来,身体侧滑,腿磕在了平衡木的边沿。李老师立即叫停了比赛,连忙上前查看伤情,文文的肩膀部位最先着地造成了擦伤,小腿也磕到平衡木边沿,出现了淤青。李老师轻轻抱起文文,带他到保健室,请保健医生检查、处理,然后到医院为其做进一步的检查。

案例分析

1. 中班幼儿有了一定的竞争意识,希望获得胜利,参与活动的欲望比较强烈。他们容易在比赛过程中兴奋,会将比赛规则、比赛前的安全提醒抛到脑后,所以易受伤。

2. 幼儿预见危险的能力比较弱,自我保护意识淡薄,自我保护能力缺乏,对于可能出现的问题是没有多少考虑的,在有危险因素的竞技游戏中,非常有必要幼儿养成良好的安全意识和习惯。

实操对策

1. 将本案例当作一场生动的安全意识培养课程,教师可以借此机会把体育游戏中容易出现的安全问题和幼儿进行充分交流,让幼儿及时获得安全教育,为日后的活动安全打下基础。安全教育要有成效地开展,内化成为幼儿安全习惯,学以致用,日积月累。同时还要通过家园共育,形成教育合力。

2. 活动器械的安全性要考虑到位,比如本次活动中使用的平衡木最好是边缘圆滑的,不要有棱角,不能存在安全隐患,否则一旦发生事故就会产生相对严重的后果。器械的维护最好有专人负责,做到定期检查,减少因为器械的原因造成安全事故的几率。

> **安安小贴士**
>
> 　　竞技性游戏中,教师要注意巡回观察,具有预见性,发现安全隐患、不安全因素及时制止。

跟着平平学儿歌

平衡木上走,身体不乱扭。

两手侧平举,眼睛向前瞅。

一步一步走,胜利在招手。

五、投掷安全习惯养成

案例分享

打 雪 仗

　　冬天来了,经过一晚的小雪,幼儿园里积了一层亮晶晶的雪,老师在大五班组织了一场打雪仗活动,让幼儿练习投掷。上课之前,老师堆起了一个大大的双面雪人,用铁筒做雪人的帽子,同时也作为活动中的投掷目标。老师讲清投掷方法及活动规则:单手握雪球,曲臂从肩上投掷;幼儿分成两个小组,在双面雪人的两边相对站立,站在指定线外,投掷目标——雪人的帽子(铁桶)。一开始大家都在练习肩上投掷的动作,并没有拿雪球;后来动作掌握熟练之后,开始用雪球投掷铁桶,逐渐地,大家的速度越来越快,活动达到高潮。突然,只见一只雪球从男生队那边飞来,"哎,青青,小心球"老师喊道,可雪球还是不偏不倚的砸中了青青的额头。老师紧急叫停了活动,让助教老师组织其他幼儿回班级,自己赶忙过去看青青的伤势严重不严重。这个雪球虽然个头不大,但很结实,青青额头上的受击部位一片红肿,起了个大包。老师抱着青青到保健室,保健医生处理完后通知了家长。

案例分析

1. 幼儿发展水平有差异性,躲闪能力因人而异。由于青青的奶奶平时过度保护,使得青青的动作发展比同龄幼儿稍缓,在较为激烈的户外活动中,不能很好地保护自己。

2. 幼儿年龄小,手眼协调能力和视觉运动能力并不特别完善,再加上活动氛围热闹,投掷心切,动作不规范,造成了此次安全事件。

实操对策

1. 教师要为幼儿活动创设相对安全的活动环境、设施。比如:事先在本活动场地的中间布置围挡或者在幼儿的头部设置防护装束,这些都能够有效减少雪球砸伤幼儿的事故的发生机率。

2. 幼儿身体各项技能的生长发育具有差异性、不均衡性,针对各个幼儿的差异性、不均衡性,要分别采取相应的家园共育的办法,提高其相对薄弱的方面。

3. 投掷类技能相较于其他技能来说更不容易掌握,需要更多身体技能的充分配合,掷准的难度相较于掷远又更大。幼儿平时应多练习相关投掷类动作,由简单到复杂,由掷远到掷准,循序渐进。

安安小贴士

教师设计活动环节时,既要考虑到全体幼儿的发展水平,又要照顾到个别幼儿的差异性。

跟着平平学儿歌

下雪天真有趣,

打雪仗做游戏。

守规则有秩序,

看仔细投过去。

会躲闪危险离,

学本领笑嘻嘻!

六、钻爬安全习惯养成

案例分享

老鼠运粮，不慌不忙

　　张老师发现本班幼儿对"钻"这一基本运动技能掌握得不太好，就设计了游戏"老鼠运粮"，以此激发幼儿练习的兴趣。老师设置的情境是一群小老鼠（幼儿）要通过带有报警器（铃铛）的唯一通道（钻爬筒），躲过大灰狼的追踪，把粮食安全运回家里。幼儿都很有兴趣，了解了老师讲解的活动规则后，便开始练习尝试。活动进行到后半段，为了增加活动情境的紧张感，也为了能让幼儿在钻爬的动作上加快速度，从而增加肺活量，达到一定的活动强度，老师急速敲响了铃铛，幼儿听到后，动作都在加快。反复两轮之后，报警声再次响起，钻爬筒里的几个幼儿因为速度不一，导致一个人的上半身压着前面一个人的腿，像叠罗汉似的动弹不得。整个钻爬筒里乱成一团，老师赶紧停止了游戏，指导叠压在一起的幼儿站起来，所幸没有造成幼儿受伤。

案例分析

　　1. 幼儿在开始游戏时能很好地根据教师的指令进行相应的动作练习。但幼儿的应变能力较差，遇到事情会慌乱，所以在游戏的后半段，听到铃声响起后变得慌张，导致在钻筒里出现叠压的情况。

　　2. 幼儿的身体协调性发展有差异性，不同幼儿的爬行速度不同，经过钻爬筒所用的时间也不同，在警报声响起时，由于前面幼儿的爬行速度慢，后面幼儿的速度快，造成钻爬筒内堵塞，进而导致多名幼儿"叠罗汉"的情况发生。

　　3. 幼儿在通过钻爬筒时，教师没有把握好游戏的进度，也没有提醒幼儿注意，如果前面有幼儿在筒内，就要让幼儿停下来，等前面幼儿通过或即将通过后再进入钻爬筒内，这样才能避免此次情况的发生。

实操对策

1. 教师在活动之前应把活动规则和活动注意事项讲解清楚,确保幼儿理解并掌握。幼儿的思维具有具象性,可以在活动正式开始之前,讲解规则后,请个别幼儿进行示范,然后再进行正式的集体练习活动。

2. 幼儿在发生危险时候的应变能力需要多加练习,教师可以通过相关视频、童话故事等让幼儿多了解相关知识,为日后发生紧急事件的处理奠定基础,尽可能保障自身安全。

3. 钻爬筒的器械设计要相对宽松,发生"叠罗汉"时,让幼儿能有腾挪空间。本案例没有造成很严重的后果,但该事情的发生应引起高度重视,活动的设计、活动材料的准备方面要考虑得更加详细全面,为活动的安全顺利开展提供保障。

安安小贴士

如果发生安全事故,教师要冷静,并做出正确的判断和处理。

跟着平平学儿歌

小小老鼠本领大,

能运粮也会钻爬。

遇到危险不慌乱,

听清指挥保安全。

七、其他游戏安全习惯养成

案例分享

案例一

旋转的彩虹伞

老师带幼儿在操场进行体育活动,玩彩虹伞的游戏。游戏规则是女孩们在外面牵着彩虹伞的边缘处,男孩们钻进彩虹伞里按顺序排好,绕着圈走。

以前从没玩过这样的游戏,阳阳别提有多开心了。他与其他的男生在彩虹伞下面一圈一圈地绕着、笑着、走着。走了两圈后,阳阳觉得不过瘾,忍不住跑了起来。可前面的小朋友却没有跑,阳阳着急了,不停地催着前面的小朋友。前面的小朋友没有理会他,阳阳就用手推着他走。忽然,传来了"哇哇"的哭声,原来阳阳把前面的小朋友推倒了,老师赶紧过来扶起跌倒的小朋友。

阳阳知道自己犯错误了,羞愧地低下了头,并向跌倒的小朋友道歉。老师告诉阳阳,玩游戏时一定要遵守游戏规则,听从老师的安排,不要随意推挤小朋友,以免小朋友摔伤磕着。

案例二

我会飞

在一次体育活动中,老师组织幼儿一起玩"从高处往下跳"的游戏。小勇特别喜欢超人,总喜欢模仿超人飞的动作,他把一件印有超人的T恤给小伙伴看:"这是我爸爸带我去看超人电影时买的,穿上这件衣服我就能飞起来了!""你说谎。"小美喊着,"你才不会飞呢"。

小勇不服气地看着小美说:"我爸爸说了,超人会飞,蝙蝠侠也会飞,还有杨利伟也会飞。"小美却反驳道:"杨利伟是坐宇宙飞船,不是会飞。小勇真笨!"小勇被气得小脸通红:"你不信,我飞给你看!"小勇站到桌子上比划着超人的姿势,"让你们看看,我能飞!"说完就从桌上往前一跃。小美捂着眼睛,不敢看。刚好老师过来,及时伸手接住了小勇。小勇跌倒在老师怀里,大家都松了一口气。

案例三

踢球游戏

陶陶和泡泡是好朋友,体育课上他们在玩踢球的游戏,玩得可开心了。陶陶抢到了球,一脚把球踢出去好远,然后喊着:"看谁跑得快,先追到球。"说完自己跑着去追球了。听到陶陶的喊声,泡泡也使劲地跑啊跑,终于追上了陶陶,他从旁边绕到陶陶的前面边跑边叫:"噢,我跑得最快,我先追到球喽。"正当他回头喊着的时候,不小心撞到了前面的大树上,他一屁股坐在地上,捂着脑袋大声叫着"哎哟"。正在往前跑的陶陶看到泡泡摔倒了,赶快跑过去扶他。谁知,他被脚下凸起的石头绊了一下,"扑通"一声趴在了地上,把膝盖都摔破了。

案例分析

体育活动中的安全隐患应引起教师的高度重视，虽然幼儿园在安全方面都有预案，但幼儿因为争强好胜引发的安全问题，教师常常无法预料，这点在活动开展过程中不可忽视。有时看似很安全的、措施完善的体育活动依然存在隐患，因此教师组织活动时不仅要激发幼儿的活力，培养其自信心，也要兼顾他们容易激动亢奋的情绪，采取相应的安全保护措施。同时，告诉幼儿玩游戏时一定要遵守游戏规则，听从教师的安排。游戏后，教师应通过回顾游戏中的情景帮助幼儿加深体验，引发思考。幼儿的这种感同身受，会深深地刻在记忆中，为安全意识的培养奠定基础。

实操对策

在体育活动中，要培养幼儿的安全意识和自我保护能力，自我保护能力是一个人在社会中保护个体生命的最基本的技能之一。实际上，安全教育的最终目的就是要让幼儿将所获得的安全知识转化为自己的思想和行为，为自己创设安全的环境，保证自己的安全。教师作为一日游戏活动的组织者、引导者，要注意培养体育游戏活动中幼儿的自我保护意识和自我防范能力，把安全放在首位，每次组织体育游戏活动前要讲解游戏的玩法规则，告诉幼儿在掌握运动技术要领的同时，要懂得自我保护的方法，避免意外事故的发生。教师可以以故事为载体开展安全教育，并利用幼儿喜爱的表演形式来讲解，帮助幼儿了解身边存在的危险。通过讨论体育活动当中应注意的安全事项和自我保护的方法，提升幼儿参与游戏的自信心，增强自我保护意识。

安安小贴士

注重培养幼儿良好的生活习惯和行为习惯，教育幼儿在体育游戏活动中要学会等待、有序排队、文明游戏，使用文明用语，减少冲突，以避免安全事故的发生。

跟着平平学儿歌

体育游戏

体育游戏真正好，

安全防范少不了。

准备活动很必要，

遵守规则不打闹。

高高兴兴做游戏，

安全锻炼身体好。

幼儿安全习惯养成建议

幼儿安全意识弱，看似简单的跑步动作和游戏，对于动作协调性及大肌肉发展较弱的幼儿来说也会变得危险。让幼儿参与体育活动时，教师要保证幼儿的安全。可以利用亲身体验的方式，让幼儿参与到活动中，使幼儿在玩的过程中学会自我保护的方法。还要制定适合幼儿年龄特点及体质发展情况的体育游戏目标和安全防范措施，保证体育游戏活动的正常开展及幼儿的身心健康发展。教师要详细了解体育游戏活动的流程，知道体育游戏活动的方式与内容、组织的要点、运动的强度等，以避免因运动量过大而损害幼儿的身心健康。要了解体育游戏组织的一般规律，带领幼儿提前做好热身活动，调节幼儿的情绪，调动幼儿参与的积极性。另外要明确告诉幼儿游戏过程中的安全要求和规则以及相关的注意事项等。让幼儿知道哪些行为是正确的，哪些行为是危险的，安全管控幼儿，并及时对幼儿进行必要的安全行为指导。

第二节　广播操活动安全习惯养成

广播操是幼儿园体育活动的重要组成部分,也是幼儿一日活动中的重要环节,它分为徒手操和器械操两部分。广播操活动不仅可以增强幼儿体质,发展幼儿动作的协调性、灵活性,还可以培养幼儿良好的安全习惯,使幼儿在安全、有序、自主的状态下进行活动,从而得到充分的锻炼。

一、徒手操活动安全习惯养成

案例分享

队形变换

新的学期开始了,李老师重新创编了一套徒手操教给幼儿。徒手操中间穿插有队形队列变换,就在变换队形队列的时候,意外发生了。三队的坤坤和霖霖看到一队和二队合成一队后,不听老师口令变换队形,直接往一队冲去,李老师已经来不及维持秩序了。只听"哇"的一声,一队的一帆被坤坤和霖霖压在地上,李老师连忙跑过去问:"一帆,怎么样?"她只是一直哭。李老师立刻检查她的身体,当轻轻拉起她的手臂时,发现她的手臂稍微一动就疼得厉害。李老师马上交代配班张老师照看其他幼儿,与园保健医生一起将一帆送到医院,经医院诊断为手臂轻微骨折。

案例分析

1. 幼儿年龄小,好动是他们的天性,规则意识和自控能力弱,往往对一些活动的危险性认识不足，而且喜欢根据自己的意愿去游戏。徒手操一般都是在户外进行的，由于室外空旷，无关刺激物多，幼儿容易兴奋。如果幼儿在做徒手操变换队形队列时的等待时间过长，就会影响到他们的情绪，不利于活动的开展，也达不到应有的效果。

2. 本案例中的一帆从小跟奶奶长大，平时很少运动而且性格很内向，奶奶对她采取全方位的保护，严格限制她的各种活动，剥夺了一帆通过同伴游戏提高自我保护能力的机会，也致使她缺乏对危险事物的基本防范能力。

3. 教师平时可能忽略了对幼儿必要体育常规的训练和纪律要求，也没有形成一定的体育活动常规要求，结果幼儿在变换队形队列时因听不懂、听不清教师指令或者等不及，会出现秩序混乱的局面，出现危险状况，而教师也不得不停下来重新组织活动。

4. 户外是一个开放的大环境，充满了许多安全隐患，意外事故的发生往往是出乎意料、防不胜防的。体育活动具有挑战性和竞争性，因而有一定的危险性。

实操对策

《纲要》指出："幼儿园必须把保护幼儿的生命和促进幼儿的健康放在工作的首位。"这说明幼儿的安全和健康是每一位幼教工作者的头等大事。安全教育在幼儿园工作具有重要地位。科学合理、安全有效地开展幼儿园体育活动，对增强幼儿体质、促进未来的成长具有非凡的意义。

1. 开展主题活动，提高幼儿的安全意识。幼儿园徒手操活动是增强幼儿体质、发展幼儿基本动作的有效手段和主要途径，也是一日户外活动中必不可少的环节，所以做操时安全习惯的培养非常重要。针对在做徒手操时出现的危险情况，可以开展主题活动。教师和幼儿共同分析如何避免这种危险，讨论还可能出现哪些危险，危险发生时如何保护自己或者提醒同伴，并且可以利用场地，现场模拟危险发生时的场景，让幼儿更加直观地了解、掌握遇到危险应该如何处理，尽量避免幼儿发生意外事故，提高他们的安全意识。

2. 因材施教，促进幼儿自我保护能力的发展。像一帆这种自我保护能力较差的幼儿，教师要加强个别指导，因为他们对危险的感知能力不强，没有开展自我保护的意识。在教师的个别指导下，这些幼儿会逐渐养成良好的安全习惯，从而建立防范意识。有时候同伴的影响也很重要，特别是当看到幼儿遇到困难或危险果断机敏地化解时，教师可以引导其他幼儿向他们学习，探索出适合的方式来保护自己，从而增强他们的保护意识。可以评选"安全小卫士"，由当选者来介绍一些好的自我保护的方法供大家学习，如在做徒手操时，发现有同伴做出危险动作要及时制止。另外，在做徒手操时，教师应该全面地关注每一个幼儿。一旦发生危险或不安全的行为，应该指出并帮助他们及时纠正。这样,幼儿的自我保护意识也得到了提高。

3. 加强幼儿规则意识和安全习惯的培养。面对缺乏规则意识和安全意识的幼儿,如本案例中的坤坤和霖霖,可以用正面引导、尝试等待的方法帮助他们增强规则意识,进一步约束自己的不当行为。还可以给他们布置任务,让他们感受到遵守规则给自己带来的快乐,从而培养良好的安全习惯。

4. 创编一套幼儿听得明白的相对固定的口令或手势。在体育活动中,教师可以通过手势、哨声、掌声等非语言行为向幼儿传递信息。事实证明,在嘈杂的操场上组织教学时,教师的一声哨响加上一个简单的手势所产生的效果要比他大声叫喊的效果要好得多。由于非语言信号在户外的环境中更容易引起幼儿的注意,所以其信号应该清晰、简洁,使幼儿能听清楚、看清楚。在徒手操活动中,恰当地运用非言语信号变换队形队列,可以说是事半功倍。

5. 建立科学合理的队形队列变换是保证幼儿安全的关键。教师要认真学习、探索编排广播操活动所需要的各种有效的队列队形。科学合理的队形队列变换,不仅能提高活动本身的质量,也能实现保障幼儿安全的目标。当然,一个好的队列队形变换需要经过反复实践、修改。如果平日能够练习一套行之有效的队列队形,那么不管是体育活动、大型户外活动或者是散步,都可以灵活运用,进而形成常规。有了良好的常规,安全问题也就迎刃而解了,教师组织起活动来会轻车熟路,也能够顺利开展各个环节。

总之,徒手操不但能够帮助幼儿形成良好的精神面貌和听从指挥、遵守规则的品质,而且对幼儿身体的全面发展具有良好的效果。徒手操是增强幼儿体质常用的、有效的手段,而徒手操中的队形队列变换是幼儿很感兴趣但又容易出现混乱的环节。由于幼儿年龄小,自控能力和规则意识较弱,反应速度慢,因此常在活动中出现碰撞现象。可见,要使徒手操活动安全有序地开展,就要让幼儿养成良好的安全习惯。

安安小贴士

　　教师指导幼儿做徒手操时,示范动作要认真到位,发布变换队形队列的指令要简洁清晰。

跟着平平学儿歌

我们一起来做操,

小朋友们听信号。

做操时间已来到，

不推不挤不打闹，

天天锻炼身体好。

二、器械操活动安全习惯养成

案例分享

案例 1

金箍棒儿两头握，上下飞舞真神气

幼儿喜欢的器械操时间到了。由于王老师所带的班级在二楼，所以每次做操时，都要先由老师将器械运至楼下。幼儿跟着音乐有序取棒，双手握棒走到自己的位置上，开始准备做棍棒操。只见，小文单手拿棒上下舞动，在学孙悟空舞动金箍棒。王老师看到后立刻制止，但小文还是敲到了旁边的飞飞，飞飞捂着鼻子，鼻血向下流淌。王老师马上让小文上交小棒，并站到自己跟前。

案例 2

皮球硬硬不能扔，向上抛接很危险

张老师班的幼儿特别喜欢拍皮球，于是她就创编了一套球操，还报名参加了园里的器械操比赛。幼儿排着队伍来到操场上按照队形站好，先跟着音乐练习左右拍球。突然，空中出现一个皮球，幼儿都惊呼起来，原来是威威在往空中抛球玩，张老师高呼着让幼儿闪开，可是兴奋的他们没有听见，球还是砸在了跳得最高的彭彭额头上，彭彭一下子摔倒在地，额头上起了一个大包。

案例分析

1. 每个班级都有一些比较调皮爱动的幼儿，自我控制力差，常常以自我为中心，就像本案例中的小文和威威,特别是当拿到他们喜欢的器材后,这些幼儿就沉浸其中,听不到教师的指令,从而出现危险。教师为了减少危险,暂停了小文的活动,这无疑是剥夺了幼儿的发展需要,是不可取的。

2. 幼儿年龄小,思维水平低,又缺乏生活经验和自我保护意识,往往不能预见自己的行为可能会产生的后果,对很多危险情况不能识别。同时,幼儿正处在器官协调、肌肉发展和对物品发生兴趣的敏感期,教师怕出现安全事故,也为了避免发生危险,没有给幼儿足够的空间和时间去充分地玩,而是过度压制幼儿的活动,结果适得其反。

实操对策

《幼儿园工作规程》中指出:"幼儿园教职工必须具有安全意识,掌握基本急救常识和防范、避险、逃生、自救的基本方法,在紧急情况下应当优先保护幼儿的人身安全。""幼儿园应当把安全教育融入一日生活。"

为幼儿提供安全的环境,消除潜在危险隐患。教师在组织幼儿活动前,要提前检查户外场地上有无障碍物和其他的不安全因素。有计划地确定器械操中所使用的器械放置的位置,并现场模拟或者预设情景,判断摆放是否合适,做到既方便幼儿取放又没有安全隐患。在幼儿园的户外活动中,教师还应该关注每一个参与户外活动的幼儿。一旦出现安全隐患或危险行为,教师应及时制止并帮助纠正和引导。

建立良好的器械操活动常规,有效减少危险的发生。为了确保幼儿安全,教师应该建立本班良好的器械操活动常规。主要包括取放器械的常规训练和器械使用的常规训练。幼儿还应熟知教师的指令和手势。这些常规可与幼儿共同探讨制定而成,这样更容易被他们接受,也有利于他们更好地约束自己的不当行为,减少危险的发生。

给予时间空间充分探索,教给幼儿正确使用器材的方法。金箍棒和皮球都是幼儿平时爱玩的器械。教师在体育课或者户外活动时,要向幼儿讲解器械操中所使用器械的正确使用方法和动作要领,并力求重点突出,形象具体,同时给予他们充足的时间和空间,由浅入深循序渐进地进行探索。这样不但能够培养幼儿认真细致的学习态度、遵守游戏规则的良好习惯,还可以有效避免危险的发生、提高幼儿自身的身体素质。

对幼儿器械操活动作一些必要的限制。在教师创编器械操时,应反复揣摩哪些动作适合本班的做操场地、适合本班幼儿的水平,以此有效降低危险系数。由于在做器械操时要在固定的空间完成动作,所以开展器械操活动前一些必要限制是可以有效保证幼儿安全的。对于这些限制,要向幼儿说明理由,如为什么必须两手握棒、为什么不能向空中抛球、为什么不能踢球等。

引导幼儿辨别危险情境,养成良好的安全习惯。首先,模拟场景,引导幼儿学习简单自我保护技能。幼儿通过亲身体验比听教师说教效果要好很多,经过训练后,他们自我保护能力能够得到提高。

其次,创设问题情境,幼儿共同讨论、总结方法。比如迎面跑来了一个幼儿时应该怎样做,看到几个幼儿在抢皮球会怎么办等。让幼儿了解危险的因素藏在哪里,引导幼儿思考怎样保护自己。这样不仅减少了安全隐患,还增加了幼儿的安全防护意识。

最后,注重随机教育和及时提醒。幼儿年纪小,自我保护意识较弱,每次活动前都要进行安全教育。在幼儿原有知识经验的基础上,及时提醒他们,可使他们对自我保护有更深层次的理解。安全教育不仅仅在集体活动中进行,更应该渗透于幼儿的一日活动中,随时、随机地进行教育。教师应结合幼儿在活动中所出现的问题,对幼儿进行必要、合理的安全教育。比如幼儿在做器械操前取小棒时,要排好队——取棒,并有序回到自己位置上。

总之,幼儿园安全工作不容忽视。我们要始终做到"为幼儿提供健康、丰富的学习和生活活动,满足幼儿各方面发展的需要,要让幼儿知道必要的安全保健知识,学习保护自己",让安全意识逐渐在幼儿心里扎根。器械操活动是幼儿每天都要进行的户外活动之一,为了保证活动安全有效开展,应加强对幼儿安全习惯的培养。只有这样,才能使他们远离危险,确保安全,快乐健康地成长。

安安小贴士

　　器械操活动由于在户外,空间相对开放,幼儿注意力不易集中,这就要求主班和配班教师做好分工。为了幼儿在做器械操中的安全,教师在照顾到全体幼儿的同时,还应认真观察并给予及时有效的指导,时常提醒幼儿注意安全,养成良好的安全习惯。

跟着平平学儿歌

球操安全

小小皮球硬邦邦,

不要高高抛天上,

砸到脑袋会受伤,

小朋友们记心房。

棍棒操安全

课间操,到操场,

小朋友们心欢畅。

切勿乱挥金箍棒,

打到别人会受伤。

第三节 亲子活动安全习惯养成

亲子活动是以亲子互动为基础的活动,它分为竞技性亲子活动和娱乐性亲子活动。幼儿园亲子活动的开展有利于建立和谐亲子关系,促进幼儿身心健康发展,激发其内在潜能,增进家校合作,形成教育合力。在活动过程中,由于幼儿比较兴奋,自我控制能力较弱,而家长对活动场地不熟悉且对器材的操作缺乏考虑,规则意识相对较弱,一些事故时有发生。为了保障亲子活动安全有序开展,活动中幼儿安全习惯的培养就至关重要。

一、竞技性亲子活动安全习惯养成

案例分享

案例一

全速前进小飞人，对面碰撞易受伤

又到了亲子活动时间,活动开始前,刘老师先带家长和幼儿一起做热身运动,把身体活动开,然后将跨栏按照高低前后摆放,家长牵着幼儿站成两队,刘老师和配班老师各负责一队。首先,示范讲解助跑跨栏的动作要领,接着强调游戏中的注意事项和安全提示。比赛如火如荼地进行,准备比赛的家长和幼儿严阵以待,后面的家长和幼儿加油助威,气氛非常热烈。悠悠和妈妈刚刚跨过最后一个跨栏,准备向起点冲刺,不料位于他们组起点处的林林没有拉着爸爸的手,突然像离弦的箭一样冲了出去,一下撞倒了悠悠和她的妈妈,悠悠妈妈胳膊擦伤,悠悠磕伤了下巴,到医院缝了三针,林林的身上也有多处擦伤。

案例二

小小气球"砰砰砰"，亲子竞技保安全

　　幼儿园组织的亲子运动会正在火热进行中，正在进行比赛的项目名为"踩气球"，要求家长在脚踝处绑上气球，背着幼儿去踩爆其他家长的气球。琳琳和爸爸代表班级出赛，待老师讲解规则和注意事项后，随着一声哨响，比赛开始。赛场上响起一片"嘭""嘭"的响声，比赛一下达到了高潮。这时突然传来了"哇哇"的哭声，原来琳琳在爸爸背上只顾伸着头看气球，和别的班级的一对父子发生了碰撞，琳琳的头和另一个幼儿的头重重地撞在一起，老师马上前去查看情况，发现琳琳的左眉骨上撞开了一条口子，另一个幼儿的头上起了一个大包。老师和家长立即将琳琳送到医院，最后琳琳的伤口缝了两针。

案例分析

　　1. 现在的孩子大多数都是独生子女，在家里受到精心照顾和保护，但只是被动的保护，安全意识淡薄。在幼儿园里，他们被教师照顾着、保护着，虽然经常进行安全教育，但是因为没有形成良好的安全习惯，所以一些小的磕碰在所难免。

　　2. 大班幼儿虽然年龄小，但是也有了一定的竞争意识，特别是亲子活动中，更希望自己组可以获得第一名，所以才出现抢跑这种情况。幼儿缺乏生活经验，活泼好动，自制力和预见危险的能力较弱，在充满各种危险因素的竞技游戏中，非常有必要让幼儿养成良好的安全习惯。

　　3. 这种情况的发生当然也有教师和家长的责任，因为亲子活动参加人员较多，教师担心幼儿不能听到游戏规则，担心幼儿不按规则游戏，从而会出现安全隐患，所以一再反复强调、示范、说明、提醒，导致整个活动讲解时间过长，有部分幼儿注意力难以集中，可能重要的部分根本没有听进去。而家长也沉浸在游戏活动中，忽略了对幼儿的监管。

实操对策

　　为了保证亲子活动的顺利举行，达到预期目的，幼儿和家长的人身安全应该是第一位的，幼儿园应制定亲子活动安全预案。

　　成立安全领导小组，明确各自职责，明确班主任及带班教师职责，并做好突发事件应急处理预案。同时,基于亲子活动中安全事故的出现,教师与幼儿进行讨论,树立幼儿在亲子竞技活动中的安全意识。具体如下。

第一,从人防入手。

1. 主班教师和配班教师做好分工,每人负责一组,两组之间的间距稍微大一些,教师站在队伍的左侧,方便监督和指导,家长和幼儿从队伍的右侧交接,尽量减少碰撞的几率。

2. 明确家长职责,在娱乐的同时,加强对自己幼儿的监管。

3. 教师改变长篇大论的语言习惯,用通俗易懂、简明扼要的语言以及鼓励、表扬的语气,为幼儿讲解动作要领和安全及注意事项。用规范、到位的示范向家长和幼儿传达正确的游戏方法。有时在竞技的过程中,难免会有一些冲突,教师应及时进行疏导、调解,简要地说一下正确的行为,及时解决冲突,继续游戏。

4. 《指南》指出,可以"利用实际生活情境和图书故事,向幼儿介绍一些必要的社会行为规则,以及为什么要遵守这些规则"。教师可以在活动开始部分设计一个"考运动员证"的环节,让幼儿通过自己的努力得到游戏许可证——"运动员证",让遵守安全规则、游戏规则成为他们的一种自觉行为。小小的一张"运动员证"免去了教师许多不必要的口舌。因此,将活动规则与幼儿的社会角色结合起来,不仅可以减少教师单调乏味的讲解和强调,还可以培养幼儿的安全习惯、自我控制能力和社会意识。

第二,做好物防工作。

1. 选择合适的材料作为"运动员证",方便幼儿在竞技游戏中携带,并且不出现安全问题。

2. 游戏前根据活动的需要,选择适合的场地。检查幼儿活动环境中是否有尖锐的棱角和坚硬的设备,检查跨栏是否有断裂、损坏;摆放跨栏时,检查跨栏是否放置平稳,必要时将跨栏两端固定,尽量减少跨栏倒下的几率;跨栏摆放间距要合理,游戏中根据观察可以及时进行调整。

第三,将一定的运动技能传授给幼儿。

1. 助跑跨栏可以训练幼儿的弹跳能力及动作协调性,还可以促进幼儿形成良好的安全习惯。因为是竞技性亲子活动,家长拉着幼儿助跑跨跳不容易保持一条直线,虽说跨栏被固定后是比较稳定的,但还是时常发生撞倒跨栏的事情。即使大家都会立刻把跨栏扶起,仍旧会影响游戏的进程和参与者的正常发挥。所以,掌握正确助跑跨跳的动作要领至关重要。正确的姿势可以提高游戏的质量,达到运动的目的。

2. 在亲子活动中,尤其是竞技类亲子活动,幼儿往往由于过于兴奋,容易沉浸在游戏中,只注重游戏情节,而忽略了活动中的安全,不注意躲避。鉴于这种情况,教师可以有针对性地传授躲避技能和技巧,并进行实操演练,培养幼儿良好安全习惯。竞技活动是幼儿最喜爱的活动,但在现实生活中,由于各种原因竞技活动过程中经常发生意外事故,给幼儿的生命安全和身心健康造成了严重的危害和威胁。亲子竞技游戏具有竞争性和趣味性的特点,幼儿的热情和参与性很强,会产生不同程度的兴奋情绪，所以很容易发生一些小危险，有时教师也始料未及。这就要求我们事先仔细考虑准备工作，以防止出现任何危险问题。还要通过家园共育，采用角色扮演、情景模拟等形式来培养幼儿的安全行为习惯，让幼儿在快乐中接受安全教育。幼儿行为的持久性和自我控制能力现在还处于初级阶段。因此，尽管他们知道竞技活动中的规则，但是一旦游戏玩了一段时间，就会有部分幼儿不能遵守。不是每个幼儿都能像成年人一样控制自己的言行，长期坚持做某事。在亲子竞技活动中，家长和幼儿应该充分理解、内化安全常识，使安全习惯真正成为生活的一部分。这样才能使幼儿逐渐认识到安全的重要性，学会抑制自己的情绪，遵守一定的规则，从而更好地促进自身全面发展，体验竞技活动的快乐。

安安小贴士

教师指导幼儿如何奔跑时，要提醒幼儿眼睛要关注前方，并观察周围的情况，避免与其他幼儿相互碰撞。若不慎摔倒，应尽量用双手支撑身体或者抱头团身，防止头部落地。

跟着平平学儿歌

亲子运动守纪律

运动会场真热闹，
我和爸妈上赛道，
遵守纪律不抢跑，
不然大家会摔倒。

亲子运动安全

亲子游戏趣味强，
气球踩得砰砰响。
视线集中气球上，
脑袋相撞会受伤。

二、娱乐性亲子活动安全习惯养成

案例分享

案例一

亲子丛林大冒险，注意细节保平安

萌萌和爸爸一起参加幼儿园亲子游戏"丛林大冒险"，大家在搭建的障碍物中间小心翼翼地穿梭。家长和幼儿都很兴奋，连不爱参加集体活动的萌萌，今天也和小伙伴有说有笑，玩得不亦乐乎。萌萌和爸爸一边后退，一边仰头寻找目标，退着退着萌萌的脚后跟一不小心碰到了轮胎，胳膊被花枝擦伤，而她一屁股坐进了轮胎当中，四脚朝天。萌萌大哭不止，老师立即上前和萌萌爸爸一起查看情况。因萌萌一直哭喊着疼，老师和园保健医生陪同家长一起将萌萌送往医院检查，经医生诊断为胳膊轻微擦伤、尾骨骨裂。

案例二

亲子活动放风筝，线绳很细要小心

春天阳光明媚，微风习习，幼儿园组织踏青游玩活动，期间有一些亲子游戏项目，有一项是亲子放风筝活动，明明和爸爸一起参加。爸爸把风筝放飞后，明明想单独掌控风筝。爸爸顺手就把风筝线轮交给了明明，走到一旁聊天。随后突然听到明明的哭喊声，老师和爸爸上前查看，原来风筝线把明明的手割出了个大口子。老师和明明爸爸迅速带着明明赶到医院包扎。明明右手虎口位置划了一条长约两厘米的伤口，伤口鲜血直流，四周红肿。最后明明在医院缝了3针，痛得"哇哇"叫。爸爸捧着明明受伤的小手，既心疼又后悔。

案例分析

1. 幼儿发生意外事故，是家长和教师最不愿意看到的事情，但有时不可避免。幼儿年龄小，身体机能发育不完善，没有形成良好的安全习惯，识别危险的能力不足，又缺乏自我保护意识，不知道如何应对和预防突发情况，容易受到伤害。

2. 亲子娱乐游戏是幼儿最喜欢的一种游戏活动，因为游戏始终在有趣的情景中进行，家长和幼儿活动的积极性都非常高，不仅是幼儿，连家长都会沉浸在其中。如果家长的监护没有做到位，幼儿就可能受伤。

3. 炎热的夏季，幼儿会穿短袖、短裤或者裙装，一些身体部位裸露在外，更容易发生擦伤现象，一旦跌倒摔伤，伤口面积可能更大。

实操对策

《纲要》中指出"幼儿园应与家庭、社区密切合作，与小学相互衔接，综合利用各种教育资源，共同为幼儿的发展创造良好的条件。"因此，安全教育不仅是幼儿园的责任，也是家长的责任，安全教育需要家园形成合力。每次亲子游戏开展前，教师应及时告知家长本次活动安全注意事项，并通过观察、提醒和监督，引导家长在活动中教给幼儿安全防护技能，培养幼儿良好安全习惯。

创造适宜的娱乐性亲子活动环境。幼儿园娱乐性亲子活动是事故的"高发区"。为了确保家长和幼儿在活动中的安全，教师在进行活动前应仔细检查活动场地是否有安全隐患的存在，并根据场地本身的特点选择合适的运动项目。比如：根据场地的大小、形状、体育器械的适宜性等进行设置。

设置适宜的娱乐性亲子活动内容。娱乐性亲子活动是需要家长和幼儿共同完成的游戏项目。所以在设计活动的时候，我们应该同时考虑幼儿和家长两方面的因素。在过去的亲子活动中，我们发现那些受伤的幼儿往往是自控能力较差和运动技能较弱的幼儿。因此，教师在设计娱乐性亲子活动时，需要考虑幼儿的动作发展水平，对自控力较差的幼儿给予提醒，对动作发展稍迟缓的幼儿给予适当的指导和帮助。由于幼儿和家长都是亲子游戏的主体，教师在设置游戏内容时，不仅要考虑幼儿的发展水平，还要考虑家长的身体状况。为了安全起见，在筹备亲子游戏时，教师应提前告知家长最好不要让幼儿的祖辈代替父母参加活动。

制定详细适宜的娱乐性亲子活动规则。适宜的游戏规则是保证亲子活动正常开展的重要条件。在日常的游戏活动中，教师应该注重游戏规则和安全习惯的培养。在制定规则时，教师要尽可能将游戏中每一环可能出现的情况考虑周全。

组织召开亲子活动家长预备会。在亲子活动中，家长和幼儿的着装也是教师容易忽视的一个细节。在活动举行之前召开家长会时，教师应提醒家长为幼儿和自己选择合适的衣服和鞋子。活动开始前，教师和家长应检查幼儿的衣服是否穿得合适，如鞋带是否系好、衣服是否太厚，拉链有没有拉等。这些细节问题如果没有处理好，也会带来不少麻烦。比如跑步时，如果幼儿踩到鞋带就有可能摔伤；衣服穿得太厚会让幼儿在运动中不灵活，活动后因为出汗过多而导致感冒。还要让家长详细了解每个活动的游戏规则，做好活动前准备，了解活动中可能会出现的意外，知道如何去保护自己，以及如何保护并指导幼儿。要求家长要时刻听从教师的指挥，和幼儿共同顺利完成游戏。

　　注重日常生活中安全教育,培养良好安全习惯。教师不仅要因势利导开展安全教育,更要有一定的预见性,把一些尚未发生、但随时可能发生的事情作为教育内容,防患于未然。在日常生活教育中,我们应该增强幼儿的自我保护意识,让幼儿知道要保护哪里,如何保护,哪些事情可以做,哪些事情不能做。在安全教育活动中,教师要避免"说教",可以创设情境,引导帮助幼儿获得真实的感受和体验,让幼儿在情境中通过体验主动获取知识经验。比如:引导幼儿思考"如果你要摔倒了,怎么办?"教师可以将正确动作分解渗透到幼儿日常游戏中,让他们在游戏中进行训练。教师应从活动的实际需要出发,充分整合日常生活安全教育策略和方法,培养幼儿良好的安全习惯。

　　亲子游戏是以亲子互动为核心的一种游戏。它在建立和谐的亲子关系、促进幼儿身心健康、发展潜能等方面发挥着重要的作用。要使亲子活动得以顺利开展,安全工作尤为重要。教师和家长应随时随地对幼儿进行安全教育,实施家园共育,提高教育的有效性。安全习惯不是能够被动灌输的东西,而应该让幼儿主动内化。当幼儿通过自护避免了受伤,我们应该及时肯定幼儿行为,并与同伴分享他们的好方法,逐步形成良好的安全习惯。

安安小贴士

　　在亲子活动中,教师要提醒家长提高防护意识,教给幼儿自我保护技能,并时刻关注幼儿,防止事故的发生。

跟着平平学儿歌

放风筝，重安全

风儿风儿呼呼吹，
风筝风筝高高飞。
线绳细细很锋锐，
安全防护要到位。

游戏安全

亲子丛林大冒险，
勇往直前笑开颜。
注意细节保平安，
安全牢牢记心间。

第四节　玩具场活动安全习惯养成

　　运动是幼儿身心健康发展的保障。幼儿在幼儿园中如何保障2小时的户外运动，达到运动的目的，形成良好的运动效果，是幼儿园教师工作中的重心。教师要开展多种有趣的户外活动，特别是玩具场活动，培养幼儿参加体育锻炼的积极性。在玩具场自由活动时，幼儿会跑、跳、钻、爬、攀登，所以常常会遇到幼儿在活动中突然跌倒、幼儿之间互相拥挤、抛接的物品落到自己或同伴的身上等情况发生。由于幼儿年龄小，活泼好动，好奇心强，自控能力较弱，而且他们动作的灵敏性和协调性较弱，又缺乏生活经验，因此幼儿常常不能清楚地预见自己行为的后果，对突发事件不能作出准确的判断，当处于危险之中时，也缺乏自我保护的能力。因此，做好幼儿在玩具场活动中的安全教育，提高幼儿的自我保护能力，增强幼儿动作的协调性和灵活性，使保护与锻炼同步，才能为幼儿形成健全体魄打好基础。那么如何在玩具场活动中，提高幼儿的安全意识和自我保护能力呢？本节以幼儿玩具场户外活动环节中的安全习惯培养为重点，为幼儿教师采取必要的有效措施提出指导性意见，以供大家借鉴和参考，为幼儿的后继发展奠定强有力的基础。

一、滑滑梯

案例分享

案例一

衣服绳子挂滑梯，拉伤脖子真可怕

滑梯是每个幼儿童年生活的好玩伴，但在带来欢乐的同时，它也可能暗藏危险。前不久，广东东莞一名5岁男孩在玩滑梯时，衣服兜帽上的绑带卡在滑梯上，勒住了脖子，造成窒息，送到医院后不幸身亡。

案例二

滑梯游戏真好玩，方法不当必受伤

户外活动时间，幼儿选择了大型玩具滑滑梯，老师交代了玩滑梯的要求，就在一边和配班老师聊起天来。突然有一位幼儿告诉老师，坤坤从滑滑梯上摔下来了，老师连忙跑过去，一看坤坤正在那哭，老师生气地说："肯定是你滑得太快摔下来了。"老师看了看坤坤的手，只是擦破了点皮，就带他到医务室去擦了点药，然后组织全班幼儿回教室了。午饭时间到了，坤坤始终不愿意吃，连筷子都不愿意拿，这才引起了老师的注意，连忙请保健医生来看。医生立刻带幼儿到医院拍了个片子，确定骨头有没有问题。在去医院的路上，保健医生和配班老师问幼儿情况，原来坤坤站在滑滑梯上面时问站在下面的乐乐："你想不想上来？我拉你上来吧！"乐乐使劲儿一拉，就把还没有站稳的坤坤从滑滑梯上拉了下来。

案例分析

这些案例的发生绝非偶然，在网上搜索"滑梯意外伤害"几个字，会发现很多因滑梯酿成的惨剧——幼儿的手被踩骨折，被滑梯上的钉子扎伤，从滑梯上摔下来……怎样才能让幼儿躲开"滑梯伤害"呢？幼儿玩滑梯时，成人不仅要陪同，而且要教会幼儿正确的动作。

1. 上滑梯时，应该一步一个台阶，同时手扶栏杆，爬到滑梯顶部，不要从滑梯口倒着爬上去。如果幼儿年龄小，成人应该扶着他。

2. 让幼儿坐下，双脚朝下、双腿叉开，双手扶住滑梯，保持上半身直立，以方便速度控制。大头朝下滑、肚皮朝下趴着滑、半蹲着滑、站着向下跑这四个危险动作一定不能做。

3. 如果玩滑梯的幼儿比较多，要一个一个来，等一个幼儿滑下去后，上面的幼儿才能开始滑，以免挤推造成伤害。

4. 从滑梯滑下来后，应当立刻起来，为后面的幼儿让出空位，以避免被踩伤。

实操对策

幼儿园对体育运动场地的体育器材进行检查。幼儿园的体育设施必须安装牢固，保证安全，定期组织相关人员对体育运动场地的的体育器材进行检查，一旦发现安全隐患，应及时维修或者更换。

幼儿参加户外游戏活动时穿宽松的衣服和软鞋。要求幼儿参加活动时，穿宽松的运动服和软底鞋，身上不要佩戴别针儿等尖利或者硬质的危险物品，不要穿带绳子的衣服，不要违规攀爬体育设施。

在一日生活中渗透安全知识。教师作为户外游戏活动的组织者、引导者，要结合幼儿日常生活，让幼儿学习一些自我保护的方法和技能，培养幼儿的自我保护意识和自我防范能力，变消极躲避为积极预防。每次组织体育户外活动前要讲解规则以及注意的安全事项，才能够使各种意外伤害发生的可能性降到最低。

在家庭生活中巩固安全教育。教师要指导家长在家庭生活中开展安全教育，父母可以充分发挥家庭教育的优势，加强对幼儿安全行为的训练，培养幼儿的自我保护能力。

跟着平平学儿歌

小朋友们滑滑梯，一个一个排整齐。

慢慢有序上阶梯，马上就会轮到你。

手扶两边身坐直，嗖的一下滑到底。

二、攀登架

案例分享

案例一

攀登游戏耗体力，方法不当必受伤

在户外攀爬轮胎及攀爬架区域，一个个大轮胎组成了一道障碍路，只见烁烁站在两个轮胎的交界处喊："老师……"没等老师回答，他就慢慢地蹲下来，爬到了另一个轮胎上，然后又慢慢站起来。依依紧跟其后，走到烁烁前面，但是有点重心不稳，就慢慢地蹲下来，这时烁烁蹲在依依后面，用双手将依依从轮胎上"推"了一下，依依顺势从轮胎上跳了下来，向老师报告："老师，烁烁推我下去了。"说完就去其他地方玩了。这时，烁烁还蹲在轮胎上，后面的冉冉从他面前迈了过去，烁烁也慢慢站起来，继续向前走，沿着轮胎边慢慢地移动，终于走到了最后一个轮胎。在他蹲下来准备下去的时候，突然重心不稳，倒在轮胎上，他用手紧紧地拽住轮胎的边缘，后面的幼儿立即停了下来。这时烁烁皱着眉头对老师说："李老师，我差点掉下去了。"没等老师伸手去帮忙，他用劲把自己撑了起来，并成功从轮胎上跳了下来，然后一蹦一跳地朝着攀爬架跑过去了。有很多幼儿在攀爬架的起点处向上爬，烁烁也加入了攀爬的队伍中，只见他双手用劲拽着扶手，一步一步向上爬，中途不小心脚踩空了，但仍继续用劲向上爬。爬到顶端后，烁烁准备下来，这时在他的前面有几个幼儿坐在顶端的边上，他钻进人群，用手拨开挡住他的幼儿，旁边的幼儿皱着眉头说："烁烁，你挤到我了""烁烁，你坐到我脚上了"，然而烁烁什么也没说，继续往下走。不一会儿，烁烁慢慢开始了小跑，一下来，便和不远处跑来的思思碰到了一起，两个幼儿碰在一起摔倒在地，膝盖磕破了皮，老师连忙喊保健医生过来及时处理了伤口。

案例二

体育器械常检查，生命安全是第一

贝贝是一个对什么都充满好奇的孩子，攀登游戏的时候，他的小手抓在攀登架的上面，结果手指被焊接攀登架的螺丝钩住，弄破了。老师迅速抱着贝贝到保健室，及时进行了包扎处理，同时报告后勤管理人员对设施进行了防护处理。

案例分析

幼儿上幼儿园后，有许多规则需要去熟悉和遵守，他们必须学习怎样与他人相处、合作，学会适应集体生活。幼儿很爱玩大型运动玩具，每次一听要去玩便非常兴奋，一窝蜂地挤着、跑着，有时还没等教师说完注意事项，便已经抢着去玩了。所以在活动前，教师要和幼儿一起分析容易出现的危险情况，并共同讨论应该怎样玩玩具、不应怎样玩，知道怎样做才对、怎样做不对，让幼儿了解游戏规则，要求幼儿遵守游戏规则，提高他们的安全意识，避免不安全事件的发生。

实操对策

在活动过程中要对个别幼儿进行随机教育。如有的幼儿玩攀登架时，总喜欢从最上边往下跳，这时应提醒他：从这么高的地方跳下来，不仅自己会摔倒，还会碰到在底下玩的幼儿，这样很危险。教师的语言提示十分重要，幼儿只有在教师反复的指导下才能加深记忆，知道该怎样去参加集体活动，玩得开心，收获快乐。

有时同伴的影响也很重要。特别是看到别人遇到困难或危险，自己便会从中吸取教训，而去摸索和探究另一种保护自我的方法，从而也增强了自己的保护意识。另外，在活动中，教师应眼观六路、耳听八方，全面关注每一个幼儿，一旦发生险情或不安全的动作时应及时指出并帮助其纠正，这样也提高了幼儿的自我保护的意识。

安全教育渗透在幼儿的一日活动中。安全教育不仅要在集体活动中集中进行，还应在日常生活中随机进行，应渗透在幼儿的一日活动中。教师应结合幼儿在活动中出现的问题，给予必要的、合理的安全教育。

安安小贴士

幼儿在攀爬游戏时，应以手脚并用的方式安全地攀爬，又爬高来又爬低，生命安全是第一。

跟着平平学儿歌

综合能力要提高,攀登活动少不了。

身强体壮是根本,全面发展最重要。

不怕吃苦练意志,远离医院百病消。

三、骑小车

案例分享

快乐小车滴滴滴，不守秩序哭鼻涕

　　户外游戏时,浩浩与同伴涵涵选择了骑小车游戏,两个幼儿各自选了一辆小车,坐上坐凳,踩着踏板在木板小桥上往前骑行,浩浩在前,涵涵在后,前面的浩浩骑得有些慢,后面的涵涵骑得有些快,结果在下坡时两个人撞在了一起,两个孩子"哇哇"大哭起来,老师听到哭声急忙跑到他们跟前,检查了一下确定他们没有受伤。之后老师建议他们两个一起骑一辆双人脚踏车,浩浩坐在双人车的后面。由于后面的踏板是固定的,需要涵涵在前面用力骑,小车才能前进。这时遇到了一个上坡,涵涵使劲踩着前面的踏板,可是小车却只退不前。"我来帮你吧!"说完浩浩双手抓着座椅,双脚用力地往后蹬,给小车前进的力量,涵涵则在前面把握着车龙头,用力踩踏板。终于,双人车顺利地上了坡、过了桥。

案例分析

　　幼儿根据自己的兴趣选择了骑小车的游戏,在教师的引导下和同伴相互帮助、一起商量并合作游戏,遇到双人车上坡困难时,同伴给予了帮助,一个在后面用力蹬,一个握着车龙头用力踩,终于成功地上坡过桥。教师要鼓励幼儿相互帮助、合作游戏,并通过骑小车这类的游戏活动发展幼儿身体的平衡与协调能力,增强幼儿动作的协调和灵敏度,锻炼腿部与手臂的力量。

实操对策

　　活动前教师要做好器械及场地的充分准备。户外活动前,教师要了解环境的安全情况,对器械及场地的安全性做好充分准备,学习大小型器械的正确玩法。户外活动中,教师要指导幼儿学习大小型器械的正确玩法,学会爱护器械,不争抢器械,指导幼儿愉快进行户外游戏,运用合作、协商、求助等方式化解矛盾和冲突。鼓励幼儿发现不安全的事情时及时向教师汇报。当班上几十个幼儿同时游戏时,只有两位教师在指导巡视,难免会出现教师觉察不到的危险情况,这就要求幼儿具有一定的安全意识,发现不安全的事情,能够做到及时向教师汇报,便于教师及时处理。

安安小贴士

教师要提醒幼儿在骑小车时不要太着急。

跟着平平学儿歌

小朋友们骑小车,滴滴滴滴出发了。

控制速度左右瞧,老师叮咛要记牢。

安全时常心中挂,运动健身我最强。

四、玩沙池

案例分享

沙池游戏真有趣，小心沙子迷住眼

在幼儿园的户外沙池玩耍时,老师和幼儿商量好了主题,共同努力在沙池中挖出了一条小河。根据幼儿的想法,他们想在河面上搭座桥,老师给幼儿提供了木棍、积木等材料,让幼儿选择自己喜欢的材料进行建构。轩轩拿了木板、积木,小心翼翼地搭了一座桥面,正兴奋地拍手叫好,可就在这时,只听"咣唧"一声,木板掉了下来,木板挑起来的沙子迷住了轩轩的眼睛,轩轩哭了起来。这时,老师连忙跑过来,安抚轩轩的情绪,并指导轩轩不要用手揉眼睛,让哭出来的泪水把沙子冲洗出来,后来老师用干净的纸巾把轩轩眼睛里的沙子取了出来。

案例分析

　　沙池活动是幼儿非常喜欢的户外活动,他们在沙池游戏中互相合作,互相交流,在堆沙、挖道、筑墙中体验沙子的松软,了解沙子的可塑性,在游戏中幼儿的兴趣得到了满足,天性自然表露,幼儿的积极性、主动性、创造性得到充分发挥。玩沙池时,有时进入游戏的幼儿人数较多,沙子迷眼的事情经常会发生,此时不要揉,更不要吹。一旦眼睛里进了沙子,眼球受到刺激,泪水就会额外分泌出来;等到泪水的流量较多时,眨眨眼皮,一般会把沙子冲到眼角边上去;然后,用干净的手帕轻轻一抹就去掉了。如果这样还没有解决问题,可请旁人把眼皮翻开来,找到沙子后,用棉签轻轻揩出,或者用淡盐凉开水慢慢地冲洗掉。如果已经粘到角膜上了,这就得上医院请医生想办法了。

实操对策

　　幼儿园的沙池要提供安全、充足的玩沙设施。幼儿园的沙池应该使用细软天然黄沙,避免使用白沙,白沙颗粒大,遇水后相对缺乏黏性,可塑性较小,而黄沙黏性较大,可塑性强,幼儿在天然细软的黄沙中更能体会到玩沙的乐趣。幼儿园的沙池要尽量提供充足的玩沙设施,减少幼儿之间的争抢,避免一些意外发生。

　　玩沙活动开展之前,教师组织幼儿讨论规则。教师应该通过与幼儿的讨论,提出在游戏过程中应该注意的安全纪律,即游戏的规则。例如不能乱扔沙子,不能吃沙子,玩儿后要将手洗干净等。教师与幼儿通过共同讨论来制定活动的规则要求,有助于幼儿间的相互提醒和监督。

　　教师组织幼儿学习沙子迷上眼睛的处理方法。在幼儿玩沙池游戏之前,教师要指导幼儿学习沙子迷上眼睛的处理方法。

　　教师根据沙池场地,选择集体或小组活动方式。教师可以采用小组活动方式,分批组织幼儿开展玩沙活动,减少同时进入沙池游戏的幼儿人数,保证每个幼儿都有足够的活动空间,减少安全事故的发生。

安安小贴士

　　幼儿沙池游戏时,教师始终要有安全意识,对潜在的意外要有预见性,提高警惕,注重观察,减少安全事故的发生。

跟着平平学儿歌

阳光明媚天气好，沙池活动少不了。

城市生活太喧嚣，回归自然真美妙。

追逐嬉戏开心玩，放松心情不打闹。

第五节　大型活动安全习惯养成

　　幼儿园组织的大型活动是幼儿非常喜欢的活动形式,为了保证大型活动的顺利开展,幼儿园要制定周密而完善的活动方案,包括活动目标、活动内容、活动形式、场地安排、负责人员等,做到具体到位、层层落实,确保活动的顺利开展。但是由于大型活动参加的幼儿和家长人数比较多,内容丰富,形式多样,教师不易管控,环节稍有疏忽就有可能造成安全事故,导致严重后果。为此,本节以大型活动环节中的安全习惯培养为重点为幼儿教师采取必要的有效措施提出指导性意见,以供大家借鉴和参考。

一、春游

案例分享

外出春游好兴奋，稍有不慎出问题

　　某幼儿园组织大班的幼儿去春游,车辆到达目的地,当老师领着幼儿准备过马路到植物园入口处时,一辆小客车突然从不远处疾驰而来,幼儿被吓得不知所措,但小客车丝毫没有减速的迹象,直到距离幼儿十来米时才紧急刹车,一场险些发生的交通事故得以避免。在春游过程中,上午11点左右幼儿上完厕所后,老师进行点名,结果发现少了两名幼儿,原来这两名幼儿上完厕所后,跑到附近的池塘边,蹲在地上观赏起了小鱼,幸好被工作人员及时发现才没有酿成意外。

案例分析

幼儿园为了开阔幼儿视野，每学期都会组织幼儿春游，让幼儿从幼儿园走向大自然，此时幼儿身体和心理都会发生一系列变化，有的幼儿无所适从，有的幼儿兴奋不已，这两种情绪的激烈碰撞，都会带来不安全的隐患。因此在春游的各个环节中，教师要高度关注，细心观察，周密安排，不失时机地加强幼儿安全意识的教育，保证春游活动顺利开展。

实操对策

教师对幼儿进行安全教育。春游前，教师要对幼儿进行纪律要求和安全教育，在途中也要引导幼儿排好队，不拥挤，走路时不交头接耳，眼睛看着前边的路。通过安全教育，增强幼儿的自我保护意识，提高幼儿的自我保护的能力。

教师要及时清点人数。幼儿春游时，教师要及时清点人数，以免因为一时疏忽，使幼儿发生意外。

培养幼儿养成文明习惯。教育幼儿懂得遵守遵规守纪的重要性，学会和做到用纪律要求约束自己，活动中不打闹、不争抢、不随便丢垃圾，养成良好的集体主义思想品质和文明出游的行为习惯。

增强安全意识。教师要提醒幼儿在乘车过程中不将头和手臂伸出窗外，行进途中保持安静，有序上下车，不争抢不碰撞，确保上下车时和待车内时的安全。增强安全意识，避免安全事故的发生。

安安小贴士

春游时，人物景观较多，时刻提醒幼儿注意不奔跑、不拥挤、不掉队，时刻清点人数。

跟着平平学儿歌

小朋友们去春游，安全出行要记牢。

文明有序不乱跑，不嬉戏也不打闹。

紧跟老师别掉队，安全隐患要除掉。

二、六一节

六一演出有风险，方案详细防意外

　　某幼儿园为庆祝六一儿童节,组织全园幼儿进行文艺汇演,并请幼儿的家长观看。轮到幼儿表演《快乐天使》节目时,参与节目表演的豆豆踩着台上的木板却突然从台上摔下,造成右股骨及尾骨骨折,经鉴定其伤情构成两个九级伤残。在与园方协商未果的情况下,豆豆的父母以幼儿的名义将幼儿园起诉到法院,要求幼儿园赔偿各项损失共计9万元,幼儿园辩称园方组织幼儿向家长进行汇报演出,展示幼儿在幼儿园期间的学习成果,豆豆在表演时从台上摔下致残,园方自始至终没有过错,而在汇演中,幼儿的家长均在场,应当对自己的幼儿担负监护责任;豆豆受伤后,幼儿园积极配合其治疗,并先后支付了4000元的医疗费。因此,幼儿园只能适当承担赔偿责任。法院经审理认为,幼儿在幼儿园活动期间,幼儿园负有保护幼儿人身安全的义务,尽管豆豆的家长当时在场,但保护责任仍然没有发生转移,其幼儿仍然处于园方的管理教育之下,而幼儿园疏于管理和保护,应承担相应的民事赔偿责任。一审判决结果为幼儿园赔偿豆豆各项损失6万元。

　　幼儿园六一集体活动的安全管理,难在活动人数众多,活动环境较为开放,活动内容较为复杂,需要幼儿园及教师关注的安全点太多,稍有疏忽便容易出现安全纰漏。特别是在有幼儿家长参与的活动中,家长和教师往往会认为对方会更多关注幼儿的安全,从而不经意地降低自身的安全敏感度,导致活动情绪高涨的幼儿面临更多的危险。《中小学幼儿园安全管理办法》第二十九条规定,学校组织学生参加大型集体活动,应当采取下列安全措施:成立临时的安全管理组织机构;有针对性地对学生进行安全教育;安排必要的管理人员,明确所负担的安全职责;制定安全应急预案,配备相应设施。

实操对策

幼儿园成立安全工作机构,制定安全工作预案。在六一活动前,幼儿园应当成立临时性的安全工作机构,安排足够的人手负责安全工作,并明确各自的安全职责分工。

组织举办活动之前,进行安全宣传和安全教育。幼儿园应当向教师和家长进行安全宣传和动员,让教师和家长认识到幼儿安全的重要性,强化其安全责任意识。

组织六一活动之前,幼儿园进行安全检查。幼儿园应当事先安排有经验的领导和教师进行安全检查,对活动场地、行进路线、交通工具、器材设备等进行安全排查,若发现存在安全问题,幼儿园要自行或者向有关单位协商,予以解决。

六一活动过程中,加强对幼儿的管理、监督和保护。活动进行过程中,负责安全工作的教师,应当对幼儿行为加强约束和管理,不得让幼儿脱离团队自行活动,要保证每一名幼儿都处在教师的监护之下。

突发事件的应急处理。在六一活动中,一旦发生突发事件,包括幼儿受伤、中毒、休克、走失或发生火灾等紧急情况,幼儿园应当立即启动应急处理程序。

安安小贴士

六一儿童节是幼儿最喜欢的节日,提醒幼儿演出时上下场要有秩序,脱离队伍要向教师报告,不拿道具追逐打闹,做文明小演员。

跟着平平学儿歌

六一演出很重要,孩子表演真美妙。

男孩活跃似飞龙,女孩就像百灵鸟。

节目一套接一套,安全知识别忘掉。

三、运动会

案例分享

运动会上争第一，场面激烈存隐患

浩浩所在的幼儿园召开亲子运动会，由于幼儿园要求家长也必须参加，所以浩浩的奶奶也来了。运动会期间，幼儿园组织家长进行拔河比赛，浩浩的奶奶也跟着在一旁观看。浩浩趁大家不注意，跑到后面帮忙，由于绳子的一端被某位家长绕在了场地的柱子上，就在对方不断拉绳子时，浩浩的右手被缠进拴在柱子上的绳子里，大拇指当场被绞断。鲜血染红了绳子，使得热闹的运动场顿时安静了下来。大家连忙把他送到医院，但是这些努力最终还是没能挽救他的手指。由于浩浩大拇指末端医治无效，最终只剩下一个骨环。事后家长以浩浩的名义将幼儿园告上法庭，庭审中，法官在做调解工作时向双方解释，虽然幼儿的奶奶当时在场，但是该项活动是幼儿园组织的，幼儿园仍然应当对幼儿尽看护管理义务。在事故发生后幼儿园一直垫付医药费，积极配合家长对幼儿进行治疗，并为幼儿的治疗提供方便。经过调解，幼儿园明确了自己的责任，愿意赔偿，同时浩浩的家长也适当降低了赔偿数额，最终双方达成调解协议：幼儿园一次性给付浩浩交通费、误工费、伤残赔偿费、精神损害抚恤金、营养费等共计 7.5 万元。

案例分析

3—6 岁幼儿生理和心理都处于发展阶段，认知水平有限，安全意识比较淡薄，无法预测自己的行为会带来的不利影响，特别是在激烈的竞争游戏中容易出现情绪兴奋，这时稍不注意就可能发生安全事故。教师要针对幼儿的年龄特点正确引导，使幼儿养成良好的安全意识。

实操对策

教师要给每一个幼儿参与的机会。在组织运动会项目上，教师要给每一个幼儿参加游戏的机会，让幼儿在游戏比赛中体验到体育竞赛的乐趣，满足幼儿的兴趣。

在比赛前,教师要对幼儿进行训练并讲究方法。运动会前教师要加强对幼儿进行体育项目的训练,遵循安全第一、比赛第二的原则。教师应针对游戏的特点,提前预测安全事故发生时的状况,然后告知幼儿在活动中如何避开,并且学会自我保护。

参赛时确保幼儿做好各项准备。幼儿应按要求穿好运动服装和运动鞋,防止意外事故发生;参赛前做好充分的热身准备,避免运动伤害;幼儿比赛结束不要马上停下或躺在地上休息。

比赛期间非运动员身份的幼儿不得进入比赛场地。比赛期间非运动员身份的幼儿不得在跑道上逗留或者横穿跑道,不得站在赛区,影响比赛危及安全。

> **安安小贴士**
>
> 运动会是幼儿体验竞赛的一种活动,在观看运动会时提醒没有比赛项目的幼儿,不要在赛场中穿行,不要离开自己的班级。

跟着平平学儿歌

安全运动要记牢,预防冲撞和跌倒。

运动规则不违反,危险行为要戒掉。

友好相处不逞强,平安健康最重要。

四、秋游

案例分享

外出参观有风险,粗心大意擦破脸

某幼儿园在秋季组织大班幼儿来到农科所参观,幼儿一个一个有序下车,在老师的组织下排队参观玉米地,老师在一株玉米农作物跟前掰下一个玉米棒子,翻开包裹着玉米的一层层浅黄色的皮儿,里面的玉米粒一颗颗排列得严严实实,老师请幼儿用手触摸玉米。突然,幼儿的哭声打断了老师的讲解,原来有两名幼儿想像老师一样亲身体验掰玉米,但两个人没有把玉米掰下来,小脸还被锋利的玉米叶子划伤了,老师急忙找随行的保健医生来包扎,同时借此机会给所有幼儿上了一节生动的安全教育课。

案例分析

幼儿园每年都要组织幼儿参观秋收秋种活动,目的是让幼儿在参与活动的过程中,认识常见农作物的成长过程,感受劳动者的辛苦,体验农作物成熟时参与采摘的乐趣。幼儿园对此类活动一直都高度重视,虽然对幼儿而言意义重大,他们也都乐于参与,但是安全问题必须考虑细致,为确保活动有序安全,幼儿园必须提前制定活动方案。

实操对策

出发前向幼儿交代活动要求,让幼儿带着问题和目的进行参观。秋游前,教师要对幼儿进行纪律教育和安全教育,在途中引导幼儿排好队,不拥挤,走路时不交头接耳,眼睛看着前边的路。通过安全教育,增强幼儿的自我保护意识,提高幼儿自我保护的能力。

教师向幼儿讲清楚乘车安全及参观注意事项。教师要提醒幼儿在乘车过程中,不将头和手臂伸出窗外,行进途中保持安静,有序上下车,不争抢不碰撞,确保上下车时和待在车内时的安全。

教师在参观中密切关注幼儿的行走安全和人数情况。外出参观,幼儿好奇心和求知欲强,喜欢探究,教师要指导幼儿学会观察事物的正确方法,引导幼儿知道怎样做对、怎样做不对,提升他们辨别是非的能力,增强安全意识,避免安全事故的发生。

培养幼儿养成文明的良好习惯。在参观过程中,指导幼儿保护公物,爱护环境,不随便丢垃圾,做文明的小卫士。

安安小贴士

秋游时,在了解各种农作物的同时,提醒幼儿不随意摘农作物,在教师讲解时不得离开队伍。及时做好人数清点工作。

跟着平平学儿歌

秋游活动设计妙,小朋友们兴趣高。

环节设计要安全,关注细节记得牢。

规则意识常培养,文明有礼习惯好。

幼儿安全习惯养成建议

众所周知，幼儿园户外活动是通过丰富的活动材料、充足的空间和教师科学合理的指导，促进幼儿动作、思维和意志等方面发展的一种方式和途径。幼儿园户外活动具有竞技性和趣味性强的特点，又有一定的运动强度和完成难度。在户外活动中，幼儿自由发挥空间比较大，他们特别喜欢这一环节，易兴奋，有时会玩得忘乎所以，这导致教师可能难以预测在活动的过程中会发生的意外事件。因此，培养幼儿在户外活动时的安全习惯就尤为重要。《纲要》明确指出"幼儿园必须把保护幼儿的生命和促进幼儿的健康放在工作的首位"。在户外活动中，幼儿拥有良好的安全习惯就能够有效避免意外伤害，及时保护自己和他人。在教师的指导下玩中学、学中玩、玩中有得、得中有创，更好地促进自身全面发展。然而，培养幼儿的安全意识、养成良好的安全习惯是一项长期、艰巨而复杂的任务，不可能一蹴而就，需要家长和教师形成教育合力，让安全意识逐渐在幼儿心里扎根。

第四章

幼儿园外安全
习惯养成

引 言

幼儿园外安全包括居家安全、出行安全、自然灾害等。随着生活水平的提高，触电、溺水、交通意外、跌落、烧烫伤、电梯事故等意外伤害逐渐取代疾病和营养不良，成为影响幼儿生命安全和身体健康的重要因素。由于幼儿年龄尚小，不能很好地控制自身行为，缺乏辨认和逃避风险的手段，面对危险时浑然不知，很容易受到伤害。一项数据表明：在家庭中有 56.7% 的幼儿曾经摔伤过，20.3% 的幼儿有触电经历，在户外有 11.67% 的幼儿死亡于交通事故。触目惊心的数据告诉我们，充分认识到幼儿身边的安全隐患并有效预防是保证幼儿生命安全和身体健康的重要举措。

虽然教师对幼儿有进行安全教育的责任与义务，但走出幼儿园，家长就是幼儿安全教育的主要的施教者。1990 年 9 月，联合国世界儿童问题首脑会议在关于《儿童生存、保护和发展世界宣言》中声明："家庭是儿童成长和幸福的基本群体和自然环境，应予以所有必要的保护和帮助。"因此，家长的安全防范意识与安全教育的重视程度对保障幼儿的人身安全起着至关重要的作用。《纲要》中明确指出："家庭是幼儿园重要的合作伙伴。应本着尊重、平等、合作的原则，争取家长的理解、支持和主动参与，并积极支持、帮助家长提高教育能力。"《指南》中也强调应"创设安全的生活环境，提供必要的保护措施"，"结合生活实际对幼儿进行安全教育"，"教给幼儿简单的自救和求救方法"。由此可见，只有家园携手，形成教育合力，共同实施安全教育，才能为幼儿的人身安全保驾护航。

第一节　玩火的危险

火给我们生活带来便利的同时,也会因为使用不当造成极大的危害,甚至危及生命与财产。幼儿对周围充满了好奇和探索的欲望,身边所有的东西都可以变成他们的玩具,而形状多变、用途多样的火恰好给了幼儿无尽的想象空间。由于这个年龄段幼儿缺乏生活经验,不了解火的危险性,不懂得安全用火,常常因为好奇和贪玩,致使小火酿成大灾,造成无可挽回的悲剧。据有关资料分析,在火灾事故中,由于幼儿玩火而发生火灾,造成惨剧的占一定比例。

案例分享

案例一

小小火机威力大

天天的爸爸爱抽烟,用完打火机总是随手一扔,客厅、卫生间、厨房、书房、卧室等随处可见。趁爸爸不在家,天天就拿起卧室床头柜上的打火机点燃了一张报纸。随着火苗变大,天天连忙扔掉了手里的报纸,没想到报纸飞到了窗帘上,把窗帘燃着了。天天大喊:"妈妈,妈妈!"正在厨房做饭的妈妈听见喊声,急忙赶过来把火扑灭了。

案例二

玩火没意思

航航和爸爸妈妈从外地游玩回来,由于旅途劳累,爸爸妈妈回到家就倒头休息了。航航却精力旺盛,趁爸爸妈妈睡着后,跑到阳台上玩火,结果失手点燃了阳台上的衣物,致使阳台被熏黑,玻璃破碎,幸亏消防人员扑救及时,没有造成太大的损失。而航航却在一旁说:"玩火没意思。"

吓坏了的乐乐

乐乐和奶奶生活在一起,这天奶奶出门买菜,留下乐乐一个人在家,乐乐不知什么时候玩起火来,一不小心烧着了房间里的床单。乐乐见房间里着了火,吓得跑出家门躲到了楼梯间,也忘记了呼救。当时屋内又无其他人,导致火势蔓延。多亏被邻居发现,及时把火扑灭,才化险为夷。

案例分析

以上三个案例中的幼儿全是趁大人不注意或不在家时随意玩火而引发火灾,虽然由于扑救及时没有造成更加严重的后果,但由此可以看出幼儿对火的危害性认识不够,尤其是案例二中航航说的一句话:"玩火没意思。"足以说明成人平时缺少对幼儿进行安全用火教育,在幼儿看来玩火只是一个好玩的游戏,根本意识不到随意玩火可能造成无法挽回的严重后果。案例三中的乐乐在面对火灾时惊慌失措,虽然自己跑出了家门,但不知道报警和呼救,致使火势蔓延,造成了不必要的损失,乐乐的表现也充分说明了这个年龄段幼儿缺乏面对火灾的经验和应对技能。

实操对策

开展形式多样的主题教育活动。教师对幼儿进行有关"玩火危险"的主题教育活动,利用图片、视频等直观地教育幼儿不在有易燃易爆物品的地方用火,不将火柴、打火机当作玩具,让幼儿充分认识玩火的危害性和可能带来的严重后果,从而做到不随意玩火。还可以通过模拟场景、实战演练的形式,让幼儿掌握面对火灾的自救方法,如熟记火警电话"119",报警时要讲清楚火灾地点、现场情况并留下联系方式;认识消防标识如安全出口、人群疏散的方向等;遇到火灾千万不要惊慌,用湿毛巾捂住口鼻,顺着标识方向及时逃生;一旦身上起火,应就地打滚将火熄灭,或脱掉衣服将火扑灭。这种体验式的教学形式往往比单纯的说教更令幼儿记忆深刻。

懂得安全用火,提升防范意识。家长平时应注意将火种放在幼儿接触不到的位置。夏季不要将点燃的蚊香放在床沿、窗帘下,应远离易燃物。可在家庭中配备灭火器、逃生绳等消防器材,以备不时之需。

安安小贴士

教育幼儿不随意玩火,遇到火灾沉着冷静,懂得自我保护。

跟着平平学儿歌

打火机,威力大,不当玩具手中耍。

一不小心开了火,引发火灾危害大。

火灾来了拔腿跑,弯腰捂嘴低身走。

逃跑不能坐电梯,困住挥手大声叫。

火警电话119,逃离火场拨打好。

幼儿安全习惯养成建议

幼儿年龄尚小,明辨是非的能力较弱。家长可在日常生活中通过一些真实的案例向幼儿传递安全用火的重要性,帮助幼儿树立安全用火意识,同时让幼儿掌握面对火灾的自救方法,关键时刻学会自保。

第二节　厨房里的危险

厨房是幼儿向往的地方，它充满着趣味性和诱惑力。在厨房里，不仅可以打开水龙头玩水，还可以摆弄一大堆的锅碗瓢盆，更别说可以真枪实战地学爸爸妈妈做饭了。然而，厨房对于幼儿而言却是一个充满着许多安全隐患的地方，这里不仅有刀具、筷子这些容易对孩子造成伤害的工具，也有天然气、微波炉等隐藏的杀手。由于厨房与生活息息相关，若要把幼儿完全挡在厨房外面几乎是不可能的，因此告诫幼儿正确使用厨房用具、不在厨房里玩耍就显得尤为重要了。

案例分享

案例一

厨房里玩耍要不得

妈妈在厨房做饭，果果走进厨房，缠着妈妈陪他玩。妈妈说："你先自己玩，妈妈做完饭就过去陪你。"果果扯着妈妈的衣服不松手，妈妈只好随果果来到客厅陪他折纸。正在果果专注折纸时，妈妈趁机走进厨房炒菜。油锅烧烫了，妈妈把肉丝倒进油锅时，果果突然出现说："妈妈，我折的小……啊——"果果的话还没说完，就被油锅里溅出来的热油吓了一跳。果果急忙往后退，只听"啪嗒"一声，一瓶酱油被打翻在地。

案例二

喂 小 兔

涛涛家养了一只小兔子,妈妈每天总会切些胡萝卜片放进笼子里,告诉涛涛这是小兔子最喜欢吃的食物。一天,妈妈在书房查阅资料,涛涛就悄悄进了厨房,找到胡萝卜,又拿出了菜刀,学着妈妈的样子切起来。"啊!"菜刀对于涛涛而言太大了,他切的时候胡萝卜一滚,刀就切到了手指,血流了出来。涛涛疼得大哭。

案例三

爱帮忙的悦悦

悦悦今年4岁了,最喜欢在厨房里帮妈妈做事情,洗洗菜、淘淘米、刷刷碗……尽管有时把厨房搞得"水漫金山",但善于培养悦悦自主能力和动手能力的妈妈仍然给予鼓励,并教给悦悦许多厨房里的知识。悦悦很聪明,妈妈教的东西,很快就记住了。就在妈妈放心悦悦出入厨房时,意外就发生了。有一天,悦悦看到厨房地板上放着一个汤锅,悦悦打开一看,是妈妈刚熬好的黑米粥,悦悦就拿来碗学妈妈盛粥,不料因汤勺太大太重,悦悦小手一倾斜,一勺热粥倒在了端碗的手上。悦悦大哭起来。

案例分析

厨房里是水、火、电密集的地方,经常出入厨房很有可能发生一些意外事故。幼儿的天性充满好奇,乐于模仿,他们之所以对厨房"情有独钟",正是好奇心的驱使,总想进去一探究竟,但又意识不到厨房里存在着许多安全隐患。案例一中的果果因在厨房玩耍而被溅出来的热油吓了一跳,打翻了台面上的酱油瓶,案例二、三中的涛涛和悦悦则是因为模仿成人而发生了意外。许多家长发问了:"不是提倡从小培养幼儿的动手能力和劳动意识吗? 厨房不正是一个很好的锻炼场所吗?"的确,随着时代的变迁,家长的教育观念也在发生着日新月异的转变,从原来的包办代替到注重幼儿动手能力的培养,这是值得肯定的。民间就有一句明智的训诫:"当孩子会用勺子吃饭时,就要开始教他劳动了。"许多家长就开始在安全和教育之间寻找平衡点,既想让幼儿在厨房得到锻炼，又担心幼儿发生意外，那么，到底如何做才能使两者不冲突呢？

实操对策

创设角色游戏区。教师可在活动室创设小厨房、小餐厅等游戏区，为幼儿提供安全可操作的厨房用具，满足幼儿爱模仿的欲望，使幼儿在游戏中掌握各种厨具的使用方法，掌握食物的简单制作过程。

增加厨房的安全系数。家长应在厨房地面上铺设防滑垫，以防因地面湿滑造成幼儿摔伤或磕碰；易碎的餐具、尖锐的刀具等物品应放在幼儿碰触不到的地方；不要把暖壶、茶壶等危险物品放在桌子边沿附近，以免幼儿伸手碰到导致烫伤；微波炉、电烤箱等厨房电器用过之后及时拔掉插头；不使用燃气灶时一定要记得关闭总阀门，避免幼儿独自无意中打开燃气。做饭时不要让幼儿在身边玩耍，热的食物远离幼儿，更不可从幼儿头上端过热汤热饭，以防烫伤；烧水或煎炸食物时锅把手要转到幼儿够不到的方向，等等。

认识厨房用具，掌握简单的操作方法。家长可以带幼儿参观厨房，告诉幼儿进入厨房要遵守的规则，有些危险的东西不可以随便乱摸乱动，一定要在爸爸妈妈的指导下才能进行操作。对于较小的幼儿，父母只需要教孩子认识一些厨房用具即可，对于较大的孩子，可以教他们正确使用一些简单的厨房用具，但是一定要避免使用刀具等容易伤害到孩子的工具。

安安小贴士

危险物品应放在幼儿触摸不到的地方，教幼儿正确使用简单的厨房用具，让幼儿在角色游戏中充分体验厨房工作的乐趣。

跟着平平学儿歌

厨房是个危险地，不可玩耍和嬉戏。

刀叉碗盘很锋利，请别和它做游戏。

热水热油溅到身，赶紧冷水去冲洗。

燃气开关莫触碰，一不小心会漏气。

燃气泄漏莫惊慌，开窗通风是第一。

自我保护很重要，小朋友们要牢记。

幼儿安全习惯养成建议

　　苏霍姆林斯基在《给父母的建议》一书中提到:"幼儿的劳动锻炼是家庭教育最重要的组成部分。"厨房是幼儿既学知识又长技能的劳动锻炼场所,保障安全是关键。因此,家长应做到防患于未然,尽可能地排除一切不安全因素,时刻陪伴在幼儿身边,适时指导幼儿进行劳动锻炼。

第三节　用电的危险

随着生活水平的提高，生活中用电的地方越来越多。电线板上的插孔对幼儿有极大的诱惑力，他们总想用手或其他物体伸进去探个究竟。根据加拿大医院伤害报告和预防系统（Canadian Hospital's Injury Reporting and Prevention Program，CHIRPP）对于儿童电气伤害的一项研究，在所调查的 6 年期间有 365 个儿童因将导电物或手指插入电源插座引发伤害，进入急救室治疗。所有电器伤害案例中有 2/3 的幼儿为 5 岁以下，74％的伤害发生在幼儿家中。

案例分享

案例一

一把铜钥匙

丽丽是一个 3 岁的小女孩，爸爸妈妈在外打工，丽丽和弟弟由爷爷在家中看管。午饭后，爷爷抱着小孙子在家门口散步，丽丽和邻居家同龄女孩在屋里玩耍。没多久听到屋里传来一声尖叫，爷爷赶紧抱着孙子冲进屋里，只见丽丽直挺挺地躺在地上，手里握着一把铜钥匙。经邻居家女孩描述，当时丽丽拿着一把铜钥匙在玩，看见地上有一个接线板，就把钥匙插入通电的接线板中，瞬间触电身亡。

案例二

加 热 棒

　　豆豆是一个3岁的小男孩。一天,豆豆和妈妈在客厅玩,回卧室时,闻到一股塑料烧焦的刺鼻气味,妈妈环顾四周,没发现什么异常,低头一瞧,只见床下的插座上插着一个未开封的加热棒,棒管上的塑料包装已烧化,妈妈迅速把插头拔掉。问起豆豆才知道,他在阳台上发现一个崭新的盒子,打开一看是一个带插头的长棒,就把插头插入了插座里。幸亏发现得早,否则后果将不堪设想。

案例分析

　　电给人们带来便利,但用电过程中往往潜伏着极大的危险。案例中的丽丽和豆豆由于对电的危害认识不够,加之好奇心驱使,从而惹出了祸端。好在豆豆有家人在身边,发现及时才避免了事故的发生,而丽丽就没有那么幸运,一时的贪玩与好奇断送了幼小的生命,令人惋惜。这也给家长敲响警钟:由于幼儿缺乏安全意识,尽量避免把幼儿单独留在家中。

实操对策

　　教师做好宣传教育工作。教师可通过班级微信群、家长会、家园联系栏等形式向家长宣传安全用电常识,提醒家长排除电源电器存在的安全隐患,为幼儿创设一个安全的生活场所。在班级中开展安全用电主题教育活动,通过多种方法和途径完成教育目标。利用环境对幼儿潜移默化的影响,教师可开设用电安全宣传栏,以漫画、安全用电标语等形式宣传安全用电的重要性,并在开关、插座、电源、电器等旁边贴上安全用电标志,引起幼儿注意,提高警惕性。借助生动的故事、直观的课件让幼儿在看看、听听、讲讲的过程中加深对安全用电的认识,还可以根据幼儿的年龄特点设计丰富多彩的游戏活动或情境表演,丰富幼儿安全用电知识。例如,开展角色游戏"我是电器销售员",让幼儿扮演电器商店的"售货员",向"顾客"介绍各种电器的功能、用法、注意事项。再如,设计情景表演"智救触电小猴",小朋友扮演不同的小动物,用干燥的竹竿、木棍等挑开"小猴"身上的"电线",并模拟拨打120急救电话抢救"小猴"等,这种游戏化的教学形式能够让幼儿在轻松愉快的氛围中获得相应的知识。

家长做好安全防护与教育工作。家长要定期排查家中的电线和电器的安全,家里的插座、插排等可以用一些安全防护盖进行遮挡,或者将插座、插排等放置在幼儿不容易碰到的地方。在家庭中,应该购买合格的电器,并且按照说明书去使用和维护这些电器。对大一些的幼儿,家长完全可以教幼儿如何正确、安全地使用这些电器,让他们掌握一些用电常识,从而更好地规避触电事故的发生。当发现电器着火不要慌,立即关闭电源总闸,再用棉被衣物或者干粉灭火器扑灭火源。千万不能用水灭火,否则很可能导致火未灭先触电。当发生触电时,立即切断电源,切不可用手去拉触电幼儿。如果不能马上切断电源,要用木棍等绝缘体使触电幼儿离开电源。

为更好地做好安全用电防护措施,日常生活中要告诉幼儿不要去触碰带电的物体,更不要用潮湿的手去触摸电器、电源等。电器使用完毕后,应该及时关闭电源。不要用金属物品和小手伸到插孔里面去。手机、平板电脑等电器充电时尽量不要使用,尤其不要玩游戏。只有注重防护,加强教育,才能降低触电事故的发生率。

安安小贴士

做好安全用电防护措施,向幼儿普及安全用电常识。

跟着平平学儿歌

电源插座像老虎,不可随意去碰触。
插排洞洞莫好奇,小手金属勿插入。
遇到雷电下雨天,关闭电器是第一。
留神别被老虎咬,安全用电要记牢。

幼儿安全习惯养成建议

电给人们生活带来便利的同时,也往往也存在着极大的安全隐患,因此电也被称作隐形杀手。幼儿好奇心强又乐于探索,很容易在用电过程中受到伤害,甚至危及生命。教师和家长应通过多种方法和途径帮助幼儿掌握一些安全用电知识,培养幼儿良好的安全用电行为习惯,让幼儿平安健康地成长。

第四节　独自在家

　　《小兔乖乖》的故事家喻户晓,《小兔乖乖》的儿歌朗朗上口。在生活中,我们经常会遇到陌生人敲门,有些是上门推销商品的,有些是检测燃气管道的等,但最令人防不胜防的莫过于一些入室抢劫的。这些犯罪分子往往伪装成物业人员、维修工人等多种身份,有时甚至达到了以假乱真的地步,就算是成年人都无法辨别真假,更别说是缺少生活经验的幼儿。从警方统计的犯罪数据可以了解到,陌生人敲门试探后,骗独自在家的幼儿开门再入室盗窃或抢劫的案例屡见不鲜。如果必须让幼儿单独在家,一定要让幼儿提高警惕,不要给陌生人开门。

案例分享

案例一

好奇的欣欣

　　晚上,欣欣妈妈去社区活动室打麻将,留下欣欣一个人在家,大约快到10点钟,欣欣听到有人敲门。欣欣隔着门说:"爸爸妈妈没在家,请你下次再来。"门外的人却说:"你妈妈让我带点东西给你,给我开一下门。"欣欣让他把走廊的灯打开,想通过猫眼看看他是谁,谁知走廊灯坏了。门外的人意识到欣欣有提防,于是就说:"我把东西放门口了。"说完就没再出声,欣欣以为那个人走了,于是悄悄地推开门去看,谁知门外的人并没有走,他用被单将欣欣的头蒙住,然后便将欣欣打晕在地,随即进入室内,抢走了家中的现金和贵重物品。等妈妈回来时,欣欣吓得浑身发抖,说不出一句话。

机灵的聪聪

聪聪的父母都是生意人，平时工作都很忙，经常把聪聪一个人留在家中。一天，聪聪正在玩玩具，忽然传来一阵敲门声，聪聪见有人来了，就冲门外叫道："你是谁呀？"门外的人说："我是你爸爸的朋友，来帮他拿东西的，请你开一下门。"聪聪想平时爸爸也没叫谁回家拿过东西，于是就对门外的人说道："你稍等，爸爸在睡觉，我问问他。"过了一会儿，聪聪从猫眼向外看，陌生人已经离开了。

案例分析

案例一中的欣欣妈妈首先是一个不称职的妈妈，为了自己出门玩乐，竟然让欣欣独自在家到深夜。虽然在案例中欣欣还是有一定的防备心理，陌生人敲门，没有立刻开门，即使对方谎称是妈妈的朋友，也要对方打开楼道灯看一看，但最终还是受好奇心驱使打开了房门，给歹徒一个入室抢劫的机会，既损失了财产，又让自己受到了惊吓。案例二中的聪聪在应对陌生人敲门时机智灵敏，沉着冷静，巧用谎言与陌生人周旋，从而使犯罪分子无机可乘，在保护自己的同时又保全了家庭财产。

实操对策

家长提高防范意识。要想提高幼儿的自我保护意识和技巧，家长先要提高自己的防范意识。对于缺少社会经验的幼儿，尽量避免让其独自在家。平时，可根据幼儿的年龄特点采取灵活多样的教育方式，提高幼儿的警觉性。

掌握应对技巧会自保。家长应教会幼儿，当独自在家有陌生人敲门时，可以通过猫眼辨认来人，不管他有什么理由，也不管是什么身份，都不要给他们开门，更不要透露自己是一个人在家的，家人的信息也不可让陌生人知道。幼儿可以把电视机或者音响等设备打开，坏人在外面听到声音会误认为家里有大人。也可以假装喊"妈妈，有人敲门。"或者说"我爸爸在休息，你过一会儿再来吧。"然后反扣门锁，给父母打电话。总之，不要轻易相信陌生人，无论在任何情况下都不要给陌生人开门。

模拟场景效果好。有时单单靠父母纯理论的说教很难达到预期的效果,适当的时候,几个家庭的父母可以编排一些小品和场景,故意让幼儿独自在家,成人伪装成父母的朋友、快递人员、电路检修人员等进行敲门,观察幼儿的反应,最后给予积极的指导与教育。这种直观生动的教育方式更能让幼儿铭记在心。

安安小贴士

尽量避免让幼儿独自在家,若让幼儿独自在家,应教育幼儿千万不要给陌生人开门。

跟着平平学儿歌

陌生人,不能信,

敲门不可让他进,

反锁屋门窗关紧,

假装说话有大人。

幼儿安全习惯养成建议

《纲要》指出,要"密切结合幼儿的生活进行安全、营养和保健教育,提高幼儿的自我保护意识和能力。"日常生活中经常发生的一些真实案例是对幼儿进行随机教育的最好教材,家长可基于对一个个鲜活的案例的讲述和解释帮助幼儿提高防范意识,也可通过相关实操和演练帮助幼儿掌握面对陌生人敲门的自我保护方法和技能。

第五节　误食药物

很多婴幼儿药物的味道都是甜甜的,许多儿童用维生素产品也以卡通软糖的形式呈现,这样就在无形中模糊了幼儿对药物的认识。在幼儿看来,它是好吃的食物,它是颜色鲜艳的糖果。成人的药大多也包裹着彩色的"外衣",幼儿又总喜欢用嘴去感知不同的事物,如果不小心被误食,将可能严重危害身心健康。根据儿童安全组织的一项统计数据,在中国,每10名药物中毒的儿童中有8名为1—6岁幼儿,其中86.4%的药物中毒发生在家庭。

案例分享

案例一

19片双嘧达莫

3岁的可可吞下19片双嘧达莫,在当地医院紧急抢救中,出现呼吸困难的情况,在转院的途中,瞳孔散大,心跳骤停。虽然最后心跳恢复,但在心跳停止的25分钟内,可可因长时间缺氧而导致脑功能几乎衰竭。双嘧达莫是一种防止血栓形成的慢性药物,它由一层红色的糖衣包裹,色彩鲜艳,而且有甜甜的味道。大人在服用之后没有及时收藏好,因此被可可发现,一口气吃下了19片。

案例二

地芬诺酯片

5岁4个月的东东误吞地芬诺酯片后以接力形式紧急被送往中心医院救治。地芬诺酯片是一种止泻的药物，当医生听到这个药名骤然紧张起来，这是一种会导致猝死的药物。在转院送往中心医院的40分钟内，全院医生做好紧急措施，准备特效药、预估病情、开通救护通道，好在孩子的情况比预估的要好的多，东东的意识在抢救中逐渐恢复，脏类器官没有被损坏。

案例三

咳嗽糖浆真好喝

程程是一个4岁的小男孩，有一次感冒咳嗽，医生给他开了咳嗽糖浆。咳嗽糖浆甜甜的，很好喝，程程特别喜欢糖浆的味道，于是趁爸爸妈妈不在，偷偷地将一瓶咳嗽糖浆全喝下去了。程程妈妈回来，看到程程小脸通红，就问程程怎么回事，程程支支吾吾不肯说实话。程程妈妈发现空空如也的咳嗽糖浆瓶子后大吃一惊，抱起程程就往医院跑。医生给程程诊断后，说没什么大事，就是喝了太多咳嗽糖浆，身体发热，过一会儿就好了。这时程程妈妈才松了一口气。

案例分析

以上是发生在家中的真实案例，因药物没有放置好而被幼儿误食，导致药物中毒。在幼儿用药安全组织的调查中，有七成家长从不检查家中的药物存放位置是否合适，近两成的家长会把幼儿与成人的药物混在一起存放。幼儿没有辨别药物用途的能力，药物安全又是家长往往容易忽视的，这导致幼儿误食药物的事故时有发生，甚至危及生命，令人痛惜。

实操对策

借助儿童文学作品开展安全用药教育活动。教师可巧用绘本故事、儿歌等不同的文学体裁，结合幼儿的年龄特点，开展生动活泼的安全用药教育活动，让幼儿意识到乱吃药的危害，掌握正确的用药知识，养成安全用药的良好习惯。

安全存放药物。再有效的救治也不及防患于未然，如果每位家长能够有足够的防患意识，做好药物的分类别和妥善放置，会更大程度地降低安全事故的发生几率，保证每位幼儿的平安与健康。

掌握正确的催吐方法。当幼儿误服药物后，家长的第一反应肯定就是催吐，很多时候催吐是最佳措施，但是也有特殊情况不适宜催吐，比如，幼儿神志不清时，或者误服强酸、强碱性毒物时，要立即送往医院，不适宜直接催吐。那么家长如何正确催吐呢？可以用手指或者勺子压住幼儿的舌根进行催吐，并在第一时间紧急送往医院救治。需要注意的是，在将幼儿送往医院的同时应带上催吐的剩余物，以便医生做判断。

引导幼儿正确认识药品作用。家长平时注意教育幼儿，有些药丸为了便于服用，在表面包裹了一层糖衣，糖衣里面是用于治病的药，没有病时乱吃药容易造成危险。即使生病了，也要按照医嘱服药，不能自己胡乱增加或减少剂量。

安安小贴士

药物分类妥善放置，帮助幼儿养成安全用药的良好习惯。

跟着平平学儿歌

小药丸，五彩衣，千万不可当糖吃。

生病了，遵医嘱，乱吃贪吃伤身体。

小朋友们要记住，安全用药最适宜。

幼儿安全习惯养成建议

　　误服药物是幼儿期常见的一种现象,多发生在家庭里,这与家长的监护是否到位以及药品摆放位置是否恰当息息相关。因此,家长要有足够的重视,在做好防护措施的同时教育幼儿安全用药。在这里还需要提醒家长,当发生此类事件后,情绪切勿激动,应冷静处理。此时应当详细询问误服药物的过程,重视细小环节,不能指责和打骂幼儿,若引起哭闹则更不利于其说清真相,这样会拖延时间。希望每个家庭都能够为幼儿构建安全的成长环境,让幼儿平安健康成长。

第六节　阳台上的危险

阳台对于成人是晾晒衣服、栽花种草的地方,而对于幼儿则是一片可用于游戏的热土,如果成人在阳台上再堆放一些杂物,则更为幼儿在阳台上的探索提供了机会和空间。他们在阳台上玩耍嬉戏,仰望蓝天白云,俯视车水马龙,悠哉乐哉,但稍有不慎就会有坠落的危险。

案例分享

案例一

哭闹的萱萱

夏日的一个晚上,4岁的萱萱和小区里的小朋友玩过以后,随妈妈上楼回家,到家后,萱萱妈妈忽然想起来电动车还未充电,就留下萱萱一人在家,急匆匆地下楼为电动车充电。就在这时,意外发生了,哭闹的萱萱趴在阳台喊妈妈,一下子从四楼阳台坠落了下来……虽然最后保住了生命,但头部却受到了严重的创伤。

案例二

模仿的后果

娟娟家住五楼。一次,她看到阳台上晒着衣服,就学着妈妈去收衣服。由于个子小够不着,就搬来凳子踩上去,当她踮着脚尖抓衣服时,由于重心不稳导致从五楼坠落,当场丧命。

案例分析

以上两个案例中介绍的都是因为幼儿年龄小、生活经验缺乏、没有足够的安全意识而发生的意外,但也不难看出也是由于家长监护不力而造成的。如果萱萱的妈妈不丢下萱萱一人下楼,如果娟娟身边有大人陪伴,就不会发生意外。事故往往就在转瞬间发生。3—6岁幼儿有强烈的好奇心,对"外面的世界"特别感兴趣,因此常常喜欢趴在阳台或窗台玩耍,却对潜伏的危险一无所知。许多家长往往对幼儿的营养、学习、疾病及性格养成比较关注,而对身边的意外伤害的预防不够重视,导致幼儿从高处坠落的事件时有发生,轻则流血、骨折,重则危及生命。所以,在给家长敲响警钟的同时,我们幼儿教育工作者也应该有责任和义务向家长宣传有关阳台、窗户的安全防护措施,有意识地对幼儿进行相关的教育,帮助幼儿建立自我保护意识和独立意识。

实操对策

防患于未然。家长最好不要让幼儿独自在家,更不要因自己外出将幼儿反锁在房中,否则幼儿很容易因恐惧而攀爬阳台或窗口造成坠落;阳台、窗户应安装防护栏;不要在窗口附近或阳台上放置任何可以攀登的物品,如洗衣机、梯子、桌子等。而且要叮嘱幼儿不要把头和身体伸到窗户还有栏杆外面,这些都是非常危险的动作。如果家中有开放的阳台和窗户,最好安装防护装置,防患于未然,不可留有任何安全方面的隐患。

增强幼儿自我保护意识。生动形象的故事、朗朗上口的儿歌往往比单纯的说教更能让幼儿接受与理解,家长可以利用儿童文学作品的魅力,帮助幼儿树立自我保护意识。针对家庭环境中某些不安全因素,家长还应对幼儿的行为进行强制性要求,增强幼儿的防范意识。著名教育家陶行知的"生活即教育"理论提出"生活中有许多教育资源和教育契机"。家长也可以通过身边真实的案例教育幼儿,使幼儿提高警惕。

安安小贴士

安装简单有效的安全保护设施,排除一切不安全因素,为幼儿打造一个安全的成长空间。

跟着平平学儿歌

阳台高、窗台险，

不可攀爬和耍闹。

安全保护记心间，

爸爸妈妈更心安。

幼儿安全习惯养成建议

俗话说："千般呵护不如自护。"每个幼儿都是父母的掌上明珠，每位家长都希望自己的孩子每时每刻都安全无恙，平安健康。因此，家长在日常生活中要帮助幼儿辨识阳台上、窗户边的危险源，纠正幼儿不良行为，掌握基本的安全常识和自我保护技能，增强其独立生存能力。

第七节 被坏人绑架

幼儿被坏人绑架是常见的一类安全事故,同时这也是令幼儿园、家庭痛心疾首、防不胜防的安全问题,相关事件的报道屡屡见于媒体。幼儿一旦遭遇不法分子拐骗或发生意外,往往会给家庭带来沉重的打击和无法挽回的痛苦,更会给幼儿带来无法弥补的心灵创伤。

案例分享

案例一

"好心"的阿姨

一天晚上,妈妈带着两个女儿逛夜市,4岁的小女儿涵涵几次要挣开妈妈的手自己逛,妈妈紧紧地拉着她的手。姐姐想要买一个石膏娃娃,妈妈陪她挑选。挑选好准备付钱时,妈妈发现涵涵不在身边,她边寻找边大声叫着涵涵的名字,并给家人朋友打电话帮忙找孩子。赶来的爸爸发现一陌生女子抱着涵涵,女子丢下孩子就跑,爸爸追上那女子并将她扭送到了派出所。原来那女子是人贩子,见涵涵一人蹲在小摊前,于是谎称自己是她妈妈的同事,带她买了玩具和好吃的之后就会抱她去找妈妈,但其实是想趁机把孩子拐骗走。幸好家人及时找到了孩子,避免了一场意外的发生。

案例二

可怕的邻居叔叔

一天下午,6岁的冉冉来到自己家店铺隔壁的邹某所开的摩托修理店找小伙伴玩,邹某说在二楼,冉冉随邹某上二楼后,才发现邹某是在骗她。而此时,邹某迅速用手捂住其嘴巴并用胶带缠封,又将双手双脚缠上装进了蛇皮袋,傍晚偷偷运到一废弃的工厂,并打电话向冉冉父亲勒索敲诈。冉冉父亲报了案,警察最终侦破是邹某绑架了孩子,他嫉妒冉冉家生意比自家的好,于是起了歹心。冉冉被解救出来时精神恍惚,经抢救没有生命危险。

案例分析

案例一中,4岁的涵涵因为好奇地摊上摆放的玩具和小吃,不愿妈妈牵着,多次挣开妈妈的手要自己逛,可毕竟孩子年龄小,五彩缤纷的玩具吸引了她的注意力,于是忘记了身边存在的安全隐患并离开妈妈的视线。当陌生女子谎称是自己妈妈的同事,给她买吃的玩的,涵涵就放下了对陌生人的戒备心理,跟着阿姨走了。案例中妈妈的安全意识还是比较强的,她一直牵着女儿,女儿挣脱后她会再次紧紧攥上女儿的手,防止女儿丢失。可帮大女儿挑选玩具时,她一时疏忽松开了小女儿的手,降低了对小女儿的关注,使小女儿走失,于是不法分子有了可乘之机。

案例二中,冉冉肯定也知道不能相信陌生人的话,更不能跟着陌生人走,但是自己熟悉的邻居叔叔平日里给她的是信任和友爱,所以当叔叔说小伙伴在楼上时,她没有怀疑就上楼找小伙伴。邻居对于大部分人来说都不算是陌生人,而冉冉又着急着找小伙伴玩,当时的状况使得她放松了警惕并到二楼去,因此才会忽视了安全规则,发生了意外。

实操对策

幼儿园和家庭要为幼儿创设安全的生活环境,提供必要的保护措施,对幼儿进行防拐骗安全教育和防范措施教育,提高幼儿自我保护能力,不让不法分子有机可乘。

幼儿园要经常对幼儿进行防拐骗安全教育和安全演练,提高幼儿防拐骗的安全意识。教师在幼儿园通过故事、绘本、视频观看和场景表演、安全演练等形式,让幼儿了解骗子骗人的手段和方法,学习掌握预防被拐骗的方法和技能,及被拐骗后冷静、机智应对坏人的简单的自救和求救方法,提高幼儿的自我保护能力。日常生活中监护人除了向幼儿介绍预防被拐骗的知识经验,还要做到:不把幼儿单独留在家里;不让幼儿单独进入别人家;请别人代接幼儿应提前跟幼儿园老师沟通;要求孩子即便跟亲朋好友出去也要告知家人。同时,还要结合生活实际对幼儿进行安全教育,比如,外出时,提醒幼儿要紧跟成人,不远离成人的视线,不跟陌生人走,不吃陌生人给的东西等。在公共场所要注意照看幼儿,保证幼儿始终在自己的视线范围内,人多时,给幼儿套上防丢亲子手链。还要教给幼儿简单的自救和求救的方法,比如,记住自己家庭的住址、电话号码、父母的姓名和单位,一旦走失知道向成人求助,并能提供必要信息。可利用图书、音像等材料对幼儿进行逃生和求救方面的教育,并运用游戏的方式模拟训练。

安安小贴士

幼儿监护人在生活中应要求幼儿不独自外出,避免让幼儿独处,家长实在脱不开身时可以将幼儿安排给一个可信任的成人照顾。外出时保证幼儿不离开自己的视线,或借助工具将幼儿和成人联系起来。

跟着平平学儿歌

小朋友们记记牢,一人在家可不妙。
放学不是爸妈接,要向老师去报告。
出门拉着爸妈手,不可一人街上跑。
陌生人呀来靠近,问我什么不知道。
爸妈电话记心上,防止走丢很必要。

幼儿安全习惯养成建议

3—6岁幼儿活泼好动,对世界充满好奇和尝试的欲望,但由于认知能力和经验的不足,幼儿缺乏对危险的认识和判断能力,容易滋生安全隐患。学前儿童的安全意识具有特殊性。学前儿童是以自我为中心的,只服从于自我的愉快心情,而不服从于非个人的逻辑的支配。即使幼儿知道很多安全知识,在面对真实情景时,受到多种影响,也可能做出与之知识观念不一致的不安全行为。

幼儿对自己周围事物的感知会受到自身体验的影响,幼儿很容易受到具体情境的影响而忘记抽象的安全规则。除此以外，幼儿对行为的控制能力也十分有限，即便他们知道某种行为是危险的，也往往不能很好地控制自己。这就要求成人做到以下几点：

经常口头强调安全规则，适当时机马上强化。虽然对于幼儿来说，口头强调的作用并不明显，但这可以为以后某些适当时机里的强化做准备，所以还是应该常向幼儿强调安全规则。而"适当时机"是指曾强调过的相似情境，遇到时可马上向幼儿分析和解释应有的做法。

在生活场景里渗透安全规则教育。幼儿的生理、心理特点决定了他们知识的建构难以通过灌输式方法学习与训练，而应该以一种主动参与、积极体验的过程主动构建。所以大多数防拐知识都更适合在生活场景里渗透，例如，引导幼儿熟记所在城市名、小区名、家庭地址、父母姓名和电话等，熟记各类急救电话如110报警、119火警、120医护急救。在室外引导幼儿辨认方位、显眼建筑，室内引导幼儿辨认大门、服务台、工作人员、逃生出口等。此外，还可以引导幼儿辨认警察、军人、保安等可以求助的人员。家里来了陌生人后，教会幼儿如何与他们交流，对于经常上门的快递、外卖等相关人员，也要让幼儿提高警惕，尽量不与其接触。

通过绘本故事向幼儿强调细节。如今很多关于安全的绘本故事都能够很详细地告诉孩子们遇到各种"被拐被骗"时的应对方，可以让幼儿多学习。

通过游戏情境教会幼儿应对危险的方法。游戏情境可以帮助幼儿尝试他人角色，让他们在探索的过程中真实地验证自己能力，克服现实中的挫折感，从而帮助他们逐步获取自信，掌握一些安全知识和技巧。

第八节　面对性骚扰

　　"性骚扰"一词只存在于成人的世界吗？中国遭遇过不同程度性侵的儿童估算有 2 500 万,其中年纪最小的孩子只有几个月大！不仅女童,男童被性侵的数量也较高,大约每 100 个男童里就有 8 个曾遭遇过。据"女童保护"统计,2019 年全年媒体公开报道的儿童(18 岁以下)性侵案例 301 起,受害人数 807 人,年龄最小的为 4 岁。触目惊心的数据告诫我们必须要重视幼儿性侵的问题。

案例分享

案例一

对门的叔叔

　　乐乐的爸爸常年在外地工作。春节放假回来见到 5 岁的女儿,甚是开心,晚上睡觉时,爸爸对乐乐做了一些亲昵的动作,乐乐说,妈妈也这样做,对门的叔叔也会这样做,这个对门叔叔还会做一些和爸爸妈妈不一样的动作,说是爱乐乐。爸爸警惕起来,询问了一些问题,发现对门的叔叔对乐乐做的一些动作十分不当,超出了正常范围,爸爸马上选择了报警。

案例二

保姆可以信任吗

　　天天妈妈接他从保姆住处返回住家后,发现儿子脚开八字像机器人般行走,还不断指着肛门说"痛"，妈妈觉得事有蹊跷，帮儿子冲凉检查时，惊觉儿子肛门流出带有血丝的分泌物及红肿。妈妈怀疑4岁的儿子在保姆家遭到性侵，连夜报警并将儿子送医院检查。检查结果是，儿子的肛门曾被人以硬物插入，身体其他部位包括私密处都无恙。

案例分析

案例一中，乐乐认为对门叔叔是一个值得信任的人，由于爸爸常年不在家，乐乐渴望得到像爸爸一样的男性关爱，获得安全感。幼儿缺乏有关性教育的常识，不知道保护自己的一些私密部位，不允许除了爸爸妈妈这样的亲人以外的人触碰。乐乐的妈妈因为对方是关系亲密的邻居，放松了对其的警惕，疏忽了对女儿的照顾，使孩子遭到性骚扰。

关于案例二，在成人的印象中和观念中，遭受性侵的对象一般是女孩。天天是一名男孩，年龄幼小，保姆则是一名40出头的女性，妈妈没有想到天天被她单独带回家会遭到伤害，因此不能放松对男孩的照看，同时应该加强对男孩的性教育。

实操对策

《指南》健康领域培养自我保护能力的教育建议中有关于性保护的内容："告诉幼儿不允许别人触摸自己的隐私部位。"这是以前有关幼儿教育的文件中从来没有涉及过的内容。对于幼儿来说，这是最重要的性教育内容，也是最符合年龄特点和实际需要的。研究表明，幼儿在3岁左右时就处于性心理发展的特殊阶段——性蕾期。所以父母应该在这个阶段就对幼儿进行性启蒙教育。

教幼儿认识隐私部位。家长要让幼儿认识自己的身体，知道各部位的名称，知道哪些部位是最重要的、最隐私的，不能随意被他人看和触碰。除了隐私部位，其实幼儿的口唇、耳根、脖颈等也是他人不可随意触碰的地方。另外，也要告诉幼儿，我们自己也不应该去触碰他人的隐私部位，这是不文明行为。让幼儿明白：如果你对别人的抚摸或接触感到不舒服，都可以说"不"，并想办法立即离开，或者告诉爸爸妈妈。

建立幼儿的危机意识。良好的危机意识，比让幼儿认识自己的隐私部位更重要。爸爸妈妈在日常生活中，要多几句提醒，如给幼儿盥洗时告诉他们："爸爸妈妈可以看你的身体，是因为我们是你最亲近的人，并且是为了给你清洁；医院里，在爸爸妈妈的陪伴下，医生护士也可以看你的身体，是为了给你治病，除此之外其他人都不能看你的身体，哪怕是亲戚。"

告诉幼儿如何面对威胁。在幼儿大量的性侵案例中,幼儿没有选择告诉家长的一个普遍原因是受到了威胁,比如,"如果告诉爸爸妈妈,我就……"等。幼儿因此受到了威胁,不敢告诉家人。所以家长一定要跟幼儿强调:不要害怕,不要相信坏人的话,悄悄地告诉爸爸妈妈坏人是不知道的,爸爸妈妈会保护你,家人可以请警察叔叔把坏人抓起来的。另外,成人一定要帮助幼儿保护隐私,及时安抚幼儿的情绪和进行心理疏通,避免幼儿受到二次伤害,还要避开幼儿讨论有关事件的处理办法和过程。

遇到危险冷静自救,适当示弱,借机逃跑。教育幼儿当遇到危险时不哭闹,要乖巧,使坏人放松警惕。观察周围的环境,记住周围环境中特别的事物或建筑物,记住坏人的长相特征。利用自身的物品留下施救信号,有机会果断逃生或向警察、保安等人员求救。当被独自囚禁在房屋内,判断有大人经过,用打破玻璃窗、破坏家具、大声喊叫等引起行人注意,以便得到救助。

利用绘本传授逃生自救和性教育知识。在幼儿园区域活动和集体活动中,在家庭亲子阅读中,都可以通过绘本阅读渗透逃生自救和有关性教育的知识。可以阅读的相关绘本有《我的幸运一天》、《小威向前冲》、《不要随便摸我》、《我们的身体》、《不要随便亲我》、《不要随便跟陌生人走》等。

安安小贴士

当讨论起"性教育"这个词的时候,大多数人会脸部发红,感到难以启齿,可当真正的性侵来临时又束手无策。性教育不是色情,让幼儿适当地了解一些性知识并掌握简单可行的保护方法很有必要。我们想尽可能给孩子温暖和阳光,但总有阳光照不到的地方,对于性教育我们有多无知,孩子就有多危险。孩子的性教育永远别嫌太早,因为坏人不会嫌孩子太小。

跟着平平学儿歌

小宝贝,仔细听,

僻静处,不独行。

亲戚朋友和邻里,

爸妈陪同才前行。

隐私处,要保护,

除爸妈,莫碰触。

坏人侵犯记清楚,

告诉爸妈来惩处。

幼儿安全习惯养成建议

　　我们应该告诉幼儿，无论他面对什么困难和问题，爸爸妈妈都会永远相信他、保护他，幼儿也应该勇敢对坏人说不，不受坏人的威胁，有什么事一定要和爸爸妈妈讲。最后，家长要尽量多安排时间和幼儿相处交流，切实履行对孩子的监护责任，特别要做好幼儿离园后的监管看护教育工作。如果发现幼儿有异常表现，家园双方要及时沟通，深入了解幼儿的情况，共同分析异常原因，及时采取应对措施。幼儿需要有辨别坏人的能力，更需要有对坏人说"不"的勇气。特别是留守儿童，父母要经常和幼儿视频或电话联系，向幼儿普及有关性教育知识，多跟幼儿沟通。发现幼儿有异常，应及时处理并对幼儿进行心理安慰、疏导。跟家里老人交代要避免让幼儿单独相处，幼儿串门成人要陪同，幼儿有异常要跟幼儿父母沟通妥善处理。保护幼儿远离性侵任重道远，这不仅是社会的责任、法律的义务、幼儿园的职责，也是每一位爸爸妈妈必须倾尽心力做到的事情。

第九节　遇到雷雨天

　　随着自然环境被污染,自然灾害也随之增多。其中,雷雨天的安全事故时有发生,在幼儿园及家庭关于幼儿一日生活安全教育较多,而自然灾害的应对进行的少,致使幼儿对雷雨天的有关知识欠缺,遇到雷雨天气不知道如何自我保护,因此,加强幼儿遇到自然灾害时如何实施自我保护教育是非常必要的。

案例分享

案例一

树下的噩梦

　　8月份的一天下午,6岁的浩浩和几个小伙伴到门口山坡上去采野果子。他们到了山顶,突然,雷电交加,下暴雨了。浩浩和小伙伴到一棵大树下躲雨,没想到却遭到了雷击,不幸造成4名幼儿死亡,3名幼儿受伤,酿成一场悲剧。

案例二

骑车的小男孩

　　棒棒6岁了,他会自己骑自行车了。暑假的一天,他和妈妈一起骑车去外婆家,棒棒骑车在前边走,妈妈跟在后面。下午回来的路上,狂风大作下起大雨来,妈妈要棒棒停下来到路边门店躲雨。棒棒喜欢下雨,没听妈妈的话,在路上继续骑行。不料一道闪电过后,随着雷声炸响，棒棒不幸被雷电击中胸口和两边大腿，嘴唇发紫，当场没了心跳和呼吸。

案例分析

《纲要》中指出，要"在幼儿生活经验的基础上，帮助幼儿了解自然、环境与人类生活的关系。"《指南》科学领域指出：幼儿要在探究中认识周围的事物和现象，3—4 岁幼儿应"能感知和体验天气对自己生活和活动的影响"。显然，案例中两个幼儿对自然的认识不够，掌握常识少，对自然现象的认知较为模糊，尚且不具备正确应对自然灾害的能力。案例一中，浩浩和几个幼儿并不知道雷电暴雨时躲避在大树下不安全，他们的认知里并没有这项内容，因此才会发生这样的意外。案例二中的棒棒没有意识到雷雨天时自己不打伞就骑车行走在路上是危险的，因此发生了意外。

实操对策

首先要加强幼儿的自然知识学习，支持幼儿在接触自然事物和现象中积累有益的经验和感性认识。其次要引导幼儿关注和了解自然与人们生活之间的密切关系，逐渐懂得尊重、热爱、保护自然。可以结合幼儿的生活需要，引导他们体会人与自然、动植物相互依存的关系，季节变化与人们生活的关系，常见灾害性天气给人们生产和生活带来的影响等。

安安小贴士

关注天气预报，避开在阴雨、打雷或有闪电的天气进行室外大型活动或社会实践活动。幼儿家长也应避开此类天气带幼儿外出。在路途中遇到雷雨天气，选择就近到室内避雨；若距离较远，不在大树、电线杆下避雨，应慢速向低处行走，并远离金属物质。在马路上不赤脚，不趟积水。在室内，记得关门窗、关电闸，不玩手机、看电视、听音乐，不洗澡。遇到家里因雷电发生火灾，及时逃离或求救。

跟着平平学儿歌

电闪雷鸣别害怕，安全口诀记心里。

打雷下雨路上走，及时躲进安全地。

大树底下不躲避，电线下面也不去。

路上积水莫去踩，小心掉进深井里。

河边湖边危险多，稍有不慎滑进去。

刮风下雨关门窗，屋内电源要远离。

幼儿安全习惯养成建议

雷雨天气是一种常见的自然现象。雷雨天气除了会对建筑、道路和动植物造成一定的破坏，也会给我们人类造成一定的经济损失，并带来各种安全隐患和伤害。成人应教幼儿辨识雷雨天气特征，普及雷雨天气安全防范常识，加强幼儿雷雨天气安全意识，并尽量避免雷雨天气出行。

第十节　溺水

　　戏水是幼儿的天性。不论是浩瀚的大海、潺潺的小溪、平静的池塘还是浅浅的水坑，都是幼儿特别向往的玩乐天堂。可是，当幼儿在水中或水边玩耍时，由于安全意识和自我保护能力弱，或不按成人要求在水中或水边玩耍，再加上成人因无效看护、一时疏忽，溺水意外时有发生。成人若缺乏溺水急救措施和相关知识经验，其他幼儿若未及时发现或给予救助，那么，水就可能为幼儿带来不幸。因此，向幼儿和成人普及预防溺水和溺水急救的措施就很关键。

案例分享

案例一

抓鱼的康康和哲哲

　　康康和哲哲是一对好朋友。一天，奶奶在家洗衣服，康康没有跟奶奶打招呼就出门玩了，他和哲哲到村口池塘边去看鱼。奶奶洗完衣服看不到康康，就在村子里找。哪知两个孩子不慎跌入池塘，一个14岁的女孩路过池塘，见有孩子呼救便跳入池塘救人，由于缺乏救助经验和技能，三个孩子都未能安全脱险。村上的成人赶来把三个孩子打捞上来进行抢救，发现他们均无生命体征。奶奶得知孙子溺水而亡，一下子晕了过去。

跳水的轩轩

　　爸爸妈妈带着5岁的轩轩去游泳,轩轩套着游泳圈在游泳池戏水。岸上几个孩子套着游泳圈跑着往游泳池中跳,轩轩好奇,爬上岸也学着往池中跳,妈妈发现了便制止他跳水。哪知,轩轩趁大人不注意又去跳水,游泳馆的救生员制止了几次均无效。后来,轩轩落水了,被救生员救了出来,原来轩轩套了大孩子的游泳圈跳水,没抓牢,从游泳圈中脱落。幸好救生员及时发现并跳水救助,使孩子及时脱离危险,但轩轩被水呛得直咳嗽,泪水都出来了,小脸煞白。

案例分析

　　每年暑假,成人会选择带幼儿到海边、湖泊、江河、水库、池塘、溪流、游乐场、游泳馆等地度假玩耍。案例二中,幼儿喜欢玩水,也善于模仿,看到大孩子跳水也学着那样玩,完全不知道这样做的危险性。成人意识到幼儿这样做的危险性,制止了孩子,但没有强行制止并加强防范,从而让幼儿有机可乘,趁大人不注意悄悄去跳水,为自己的生命安全埋下隐患。

　　留守儿童是当今农村和小城镇存在的一种普遍社会现象。案例一中康康和哲哲就是两名留守幼儿,奶奶在照顾孩子的同时还忙着家务,老人因为精力不足,对孩子的生命安全不够关注,因此让幼儿有机会自行出门去玩。幼儿因缺乏安全防范意识,不能预知在池塘边玩耍潜在的危险,再加上自我保护能力不强,跌入池塘后不能自救,由此导致悲剧的发生。

实操对策

　　幼儿园要定期向幼儿开展预防溺水安全防护知识讲座,教师在日常教学活动、社会实践活动中,要注重防溺水教育。家庭中幼儿监护人在日常生活、外出活动中要不断给幼儿讲解有关预防溺水相关的安全知识,强调事情的严重性。特别是暑期来临前,加强幼儿对预防溺水相关知识的宣传和学习。

　　幼儿园和家庭应明确向幼儿提出以下几点要求:不能私自一人到水源附近玩耍,不在水边洗东西、钓鱼虾,不捡拾掉入水中的物品。严禁幼儿到河道、湖泊、沟渠、池塘等无安全设施、无救援人员的场所戏水、游泳。要戏水必须有成人陪护到正规场所，但即使在游泳池中也不可打闹嬉戏。发现同伴溺水，立即寻求成人帮助，同时可向溺水者抛救生圈、泡沫板、救生绳等，但不可盲目施救。

幼儿监护人应严禁幼儿独自去戏水，将幼儿和危险水体隔离。为保护年龄 3 岁以下者，应及时倒空家中盛水器皿中的水或及时加盖。但凡幼儿戏水，监护人必须陪伴，视线不能离开幼儿，做到有效看护。

安安小贴士

引导幼儿学习预防溺水的相关知识，提高安全意识。远离危险水源，幼儿戏水成人一定看护好。成人学习溺水急救措施，减少幼儿因为溺水带来的伤害。

跟着平平学儿歌

池塘边，真好玩，

没有大人不靠前。

游泳池里不打闹，

发现溺水大人找。

防溺水，很重要，

安全二字要记牢。

幼儿安全习惯养成建议

幼儿活泼好动，对未知的世界很好奇，探索欲望强。水能给幼儿带来快乐，但在幼儿日常生活和实践活动中，一定要做好溺水防护和溺水急救措施教育，防范于未然，增强幼儿溺水防范意识，提高溺水事件发生时幼儿自救和救助他人的能力。

第十一节　发生地震

　　根据历史地震数据统计,地球上平均每年发生七级以上地震 20 余次。2008 年 5 月 12 日发生的汶川地震,遭严重破坏地区超过 10 万平方千米,其中,极重灾区共 10 个县(市),较重灾区共 41 个县(市),一般灾区共 186 个县(市)。截至 2008 年 9 月 18 日 12 时,5·12 汶川地震共造成 69 227 人死亡,374 643 人受伤,17 923 人失踪。这是中华人民共和国成立以来破坏力最大的地震,也是唐山大地震后伤亡最严重的一次地震。面对频繁发生的地震灾害,教会幼儿在地震中学会自救就显得尤为重要。幼儿年龄小,缺乏足够的生活经验,面对突发的自然灾害往往不能采取正确的措施,所以,作为老师和家长,就要在日常生活中帮助幼儿树立灾害自我保护意识,教给幼儿灾害自救技能。

案例分享

案例一

勇敢的哥哥

　　一天,妈妈下楼买菜,让 6 岁的洋洋在家陪妹妹玩,正坐在沙发上看电视的洋洋突然感觉头顶的吊灯在晃,他感觉是地震了,迅速拉着妹妹跑到墙角,护着妹妹的头,躲到冰箱和墙的夹角安全区域,等待安全后,洋洋和妹妹被消防员救出。事后洋洋说:幼儿园经常开展地震应急演练,老师会教我们很多地震发生时保护自己的方法,在家里家人也经常给我说地震发生时的自救方法,所以,地震时我能很好地保护自己和妹妹。

案例二

妈妈的爱

晚上，正在熟睡的玉玉被妈妈抱着迅速躲在了卫生间的墙角，楼房随着一阵剧烈的晃动，坍塌了。妈妈让玉玉蜷蹲在自己怀里，给玉玉头上顶了一个枕头，还给玉玉用一条湿毛巾捂着口鼻，妈妈的头部却受伤了，玉玉很害怕。妈妈安慰玉玉说会一直陪着她，鼓励她一定要勇敢，不哭，保持体力，相信她可以保护妈妈，并教她求救方法。三天后，救援人员听到玉玉发出的微弱的击墙求救声，成功将玉玉母女救出。妈妈因头部受伤流血过多离开了玉玉，而玉玉身体虚弱但无大碍。

案例分析

案例一中洋洋遇到危险发生时，很沉着冷静，不恐慌，理智地拉着妹妹躲在墙和冰箱夹角的安全区域，成功地保护了妹妹和自己。从这个案例中我们发现洋洋很好地掌握了地震遇险时的防范措施，这得益于在幼儿园和家庭中教师和家长对孩子地震安全教育知识的传授，更离不开在幼儿园地震安全演练中的实践。因此，洋洋能在地震发生时，迅速躲避，安全逃离。

案例二中的玉玉是一个幸运的孩子，妈妈用妥善的保护措施和自己的身躯保护了女儿。灾难发生时妈妈很镇静，及时躲在卫生间，楼房坍塌后，妈妈受伤了，为了女儿能脱险，妈妈在心理和精神上支持、安慰、鼓励女儿，增强了女儿活下去的信念和勇气，让女儿掌握了科学的求救方法，使女儿存活了下来。

实操对策

地震发生时，作为老师和家长，我们要尽可能保障好孩子的安全，所以，在我们措手不及时，孩子能有良好的自救能力就显得尤为重要，不仅能减少自己受伤的可能，还能帮助老师尽快疏散人群。当地震来临时，我们应该怎么做呢？

1. 在室内时，可以躲在墙角、厕所等容易构成三角支撑的地方以及结构坚固的家具底下或旁边，保护好头部，还可以用湿毛巾捂住口鼻以防吸入灰尘或者毒气，远离玻璃门窗或者是悬挂物下。

2. 在室外,应找到开阔的地方,远离楼房等建筑物,到广场上避难。

3. 如果被埋,要想办法保护自己,敲击旁边能发出声音的物体,向外发出求救信号。

安安小贴士

　　幼儿园每学期应开展一到两次地震安全演练,教师在教育活动和日常生活中抓住机会教给幼儿地震自救保护知识,家庭在日常生活中经常玩"地震来了"的游戏,潜移默化地让幼儿熟练掌握地震遇险安全保护措施。

跟着平平学儿歌

楼房摇动不要慌,不跳楼来不爬窗。
听从指挥排好队,迅速逃到空地上。
逃不掉了也莫慌,下蹲墙角好地方。
软软枕头捂头上,先防身体少受伤。
万一被埋别紧张,一不哭喊二不慌。
保存体力记心上,等待救援来帮忙。
救援来了仔细听,别忘呼救和击墙。

幼儿安全习惯养成建议

　　在幼儿园、家庭中观看与地震相关的视频、图片,让幼儿了解有关地震的知识、地震给大自然和人类带来的伤害及经济损失等,让幼儿珍惜生命,增强自我保护意识。平时通过地震安全演练、教育活动或游戏的方法,向幼儿渗透地震安全防御知识和措施,训练幼儿自救技能。同时,注重幼儿心理健康教育,培养幼儿活泼开朗的性格;让幼儿多动手、多参与实践活动,锻炼幼儿独立性和自主性,使幼儿在危险来临时能冷静、机智地保护自己和身边的人。

第十二节　与家人走丢

幼儿很喜欢跟着大人到超市、商场、游乐园等地方玩耍,这些地方人多,玩具、景物也很多,他们往往会因为被某种东西吸引而跑开,很容易和大人走失。这时,处在陌生环境的孩子往往会惊慌失措,不知道怎么办才好,遇到这种情况怎么办?

案例分享

案例一

走丢的艾艾

艾艾是一个聪明伶俐的孩子,今年4岁了。有一次她跟着爸妈去商场,妈妈要去试衣服,进去的时候叮嘱爸爸把孩子看好了。爸爸看孩子在身边不远处跑来跑去,觉得没问题,又看了一会儿手机,结果等再抬头,孩子就不见了!爸爸赶紧冲进试衣间找出妈妈,两人分头挨家店找。旁边的顾客和工作人员都帮忙找孩子,结果大家都没找到。妈妈一边哭一边喊,脚步都有点跟跄了。爸爸也是脸色煞白,汗水大颗大颗往下滴,衣服都湿了。这时候广播里传来找艾艾爸妈的声音,两夫妻终于松了口气,急忙向广播室的方向冲了过去。

案例二

篝火晚会

4岁的串串是一个特别可爱的女孩子,有一次跟着妈妈去青岛旅游,晚上在海边观看篝火晚会。一开始串串一直跟在妈妈身边，但篝火晚会人很多，场面十分热闹，妈妈和一起来的同事边看边聊，看得着了迷，不知道女儿什么时候走开了。过了一会儿，大家说太晚了回去休息，于是她们就往宾馆方向走，走着走着，妈妈突然发现女儿没有跟着回来，身上立刻吓出了一身冷汗。再仔细看看，还是没有，她整个人当时就懵了，赶紧往回走，到了观看篝火晚会的地方，女儿正站在原地哭，她跑过去一下子抱住了宝贝女儿。原来她们说要走的时候，串串正看得入迷，没听见，这个粗心妈妈也没发现女儿没有跟过来，当串串发现大人都不见了，便吓得哭了起来。事后想想，万一女儿不在原地等而是走丢了，后果真的是不敢想象。

案例分析

上述两个案例告诉我们，孩子因为年龄小，对周围充满了好奇心，很容易被周围的事物所吸引而和大人走散。父母平时要告诉孩子，外出时要紧紧跟着大人或拉着大人的手，大人也不能一时疏忽大意，因玩手机、与熟人聊天等放松警惕，导致孩子走失。

实操对策

生活中老师可以从以下几点对孩子进行教育：首先，小朋友和大人一起外出时一定要拉着大人的手。如果想自己玩，那么要在离大人不远的地方玩，让大人看得见，而且要告诉大人你去哪里。其次，万一真的走失了，不要惊慌也不要乱跑，不要害怕更不要大哭大闹，站在原来的地方等爸爸妈妈。不要随便和陌生人走，否则大人回到原地就找不到你了。再次，可以请警察叔叔帮忙，也可以找穿制服的工作人员帮忙，告诉他们爸爸妈妈的名字、电话、家庭住址，也可以借用他们的手机，自己打电话给爸爸妈妈。

安安小贴士

成人可以和孩子们说："小朋友，当你和爸爸、妈妈一起出去玩的时候，可不要凑热闹往人群里挤哦！在人多的地方，你要紧紧拉着爸爸或者妈妈的手，不要只顾着看漂亮的东西而和大人走失了。如果你看不到爸爸妈妈，不要惊慌，也不要乱跑，因为这个时候爸爸妈妈一定会回来找你的。所以，你要在原地等爸爸或妈妈。这个时候不要随便跟别人走开，你走开了，爸爸妈妈回到原地就找不到你了。在平时，小朋友要记住爸爸或妈妈的电话、家庭地址，爸爸妈妈的姓名，在紧急的情况下也可以找穿制服的人帮忙，这样就可以找到爸爸妈妈啦！"

跟着平平学儿歌

商场里，人真多，找不到妈妈真难过。

陌生人来别说话，工作人员来帮你。

公园里，景物多，找不到妈妈真难过。

站在原地不要动，等着妈妈来找你。

大街上，车辆多，找不到妈妈真难过。

不哭不闹不着急，找到警察帮助你。

讲明电话和地址，定会安全回家里。

幼儿安全习惯养成建议

《指南》健康领域指出幼儿应具备基本的安全知识和自我保护能力。幼儿在公共场所走失时，应能向警察或有关人员说出自己和家长的名字、电话号码等简单的信息，在公共场合尽量不远离成人视线。我们平时应结合生活实际对幼儿进行该方面的安全教育，从小培养幼儿的自我保护能力。

第十三节　陌生人邀请

"阿姨是你妈妈的朋友,她让我来接你……""阿姨这里有棒棒糖,还能带你出去玩哦,我们走吧……"这些哄骗孩子的话是不是很常见? 我们的孩子面对这样的陌生人,应该怎样做呢?

案例分享

案例一

陌 生 人

某幼儿园对孩子们进行过安全教育语言活动之后,邀请了 2 位漂亮的阿姨假扮陌生人,对 26 名小朋友进行了"陌生人"测试。下午点心后临近家长来接孩子的时间,陌生人自称孩子父母的朋友,应家长要求来接孩子放学,并利用糖果等道具引诱孩子。26 名孩子中 17 名跟着陌生人阿姨走了,9 名不愿意。

"我是你妈妈的朋友,你妈妈今天有事让我来接你。"11 名孩子听完直接跟随陌生人阿姨走了。个别孩子有所迟疑,陌生人又说:"你妈妈今天很忙,她没空来接你了,快跟阿姨走吧。"结果,又有 3 名孩子犹豫着跟着陌生人走了。陌生人又以小朋友喜欢的事物诱惑,如给孩子糖果,和孩子说"我们去动物园、海洋馆、公园"等。结果又有 3 名孩子跟着陌生人阿姨走了。

湖南卫视也做过类似的测试,仅有 20% 的孩子能够有警惕心;人民网记者也在南京一个幼儿园做过测试,结果更加惊心,12 名孩子中 11 名都被"拐跑了",几乎"全军覆没"。

案例二

荡 秋 千

　　小涵是个 5 岁的小女孩，长得非常漂亮。爸妈只有她一个孩子，平时因为工作忙很少陪她玩，她会一个人到楼下找别的孩子玩，不过却时常找不到小伙伴，很孤独。一天，小涵一个人在楼下公园荡秋千玩儿。就在这时，一个陌生的阿姨走到了小涵的面前，一个劲儿地夸小涵聪明、漂亮，而且要陪小涵玩耍，小涵非常高兴。陌生的阿姨陪着小涵玩了一阵子之后，就从包里拿出零食递给了小涵，小涵看着好吃的薯片犹豫了一会儿，摇了摇头说道："妈妈不让我吃别人家的东西。"又玩了一阵子之后，那个陌生的阿姨又提出，公园这边能玩的东西太少了，她可以带小涵去更大的游乐场玩，并且告诉小涵在游乐场里有很多很多的小朋友，还有比这个要大得多的秋千。小涵一听眼睛一亮，顿时心动了。她又看了看眼前这个阿姨，不像是坏人，就点了点头，表示愿意跟着这个陌生的阿姨离开。就在此时，小涵的妈妈突然走了过来，陌生阿姨看到小涵的妈妈来了，神色十分慌张，赶紧从公园旁边的小路溜走了。

案例分析

　　孩子年龄小，辨别能力和自控能力较弱，缺乏基本的警惕性，而且孩子天生就贪玩好动，喜欢新奇的事物，当面对陌生人花言巧语的邀请，许多孩子都会心动。同时，现在孩子大都是独生子女，平时缺少玩伴，内心很孤独，非常渴望能够和同龄的孩子一起玩耍，父母也常常因工作忽略了对孩子的陪伴和教育，陌生人便是利用这一点诱惑孩子。案例中的孩子经不起陌生人的诱惑，如果听信了他们的话并跟着他们离去，这样极有可能发生危险。

实操对策

　　6 岁以下的孩子心智发育尚未成熟，很容易相信陌生人的哄骗。我们平时在教育孩子时一定要注意以下几点：

　　1. 培养孩子良好的习惯。父母在平时就要培养孩子不占小便宜，不吃陌生人的食物，不随意接受陌生人邀请的好习惯。

　　2. 不要让孩子一个人在家附近玩耍。调查表明，此类事件有一大半都是发生在自家附近。

因为家长觉得离家近,孩子玩过后会自己回家,所以就放松了警惕,坏人就是掌握了父母的这种心理,往往在这些地方哄骗小孩。

3. 教孩子要根据陌生人的行动而不是外貌来判断。很多坏人为了让孩子放松警惕,会打扮得衣冠楚楚,所以通过外貌是很难判断一个陌生人是否危险的,我们应教会孩子通过陌生人的行为作出判断。例如一个陌生人主动找到孩子要给他一些小零食,或者向孩子寻求帮助,这时都应该大声拒绝,并向人多的地方跑,绝对不能跟着陌生人走,更不能上陌生人的车。

4. 教会孩子识别"安全区"与"危险区"。家长带孩子出去玩耍的过程中,路过警亭或银行等时,可以告诉孩子这里是"安全区"。一旦发生意外,就往这里跑。路过黑暗小巷或者人少的偏僻地段时,则告诉孩子这里是"危险区",家长不在的时候千万不要来这里玩,也不要跟陌生人来这里。

5. 当孩子独自一人遭遇危险时,应第一时间去找穿制服的人求救,例如警察、消防员、保安、军人等。如果身边没有穿制服的人,则可以让孩子向人多的地方跑,也可以向带着孩子的路人求救。但也要告诉孩子,如果穿制服的人主动给你东西吃或者向你寻求帮助,也要赶快跑开。

安安小贴士

　　孩子的安全教育不能仅限于书本讲授,老师和家长要注意结合平日生活场景进行教育。告诉孩子并不是所有的坏人都是长相凶恶的,同时也要把握好度,不可太过,让孩子对周围的人都不信任,也不可不及,导致孩子遇到危险的时候不知道怎么做。关于拒绝陌生人邀请,单单靠父母的说教有时很难达到预期的效果,所以适当的时候,建议父母编排一些小品和场景,用直观的方式来教育孩子,以达到良好的效果。

跟着平平学儿歌

路上遇到陌生人,一定要小心。

他们主动来搭讪,宝宝莫受骗。

糖果好吃不能要,小心是迷药。

不要相信陌生人,人多地方跑。

赶快大叫找父母,坏人会跑掉。

幼儿安全习惯养成建议

现在社会日益复杂，许多骗子的手段层出不穷，让人防不胜防，孩子的社会阅历少，很容易上当受骗。安全意识一定是从小培养的，如何把握度，的确是一个问题，但安全意识教育绝不可逃避。在德国，家长和老师从来不会教孩子"不要和陌生人说话"，而是更倾向于教孩子如何"识人"，如何与陌生人安全互动，让孩子提高警惕，以应付各种突发情况。《指南》健康领域中指出：3—4 岁幼儿应该具备基本的安全知识和自我保护能力。不吃陌生人的东西，不跟陌生人走。家长应该结合生活实际对幼儿进行该方面的安全教育。

第十四节　马路上的危险

　　我国是一个交通事故多发国,平均每天约有300人在交通事故中丧生。据统计,2018年发生涉及少年儿童的伤亡交通事故2万余起,造成2 200多名少年儿童死亡,给家庭、社会造成无法弥补的伤痛。据交管部门的统计数据显示,儿童交通事故一般发生在步行、骑车和乘车时。其中5岁到9岁的儿童多发步行事故,10岁到12岁的儿童多发骑车事故。儿童事故中约有半数是因儿童自己违反交通规则所造成。5岁到9岁的步行儿童是交通事故伤害的主要人群。

案例分享

案例一

受伤的小岳

　　5岁的小岳活泼好动,爸爸妈妈平时都忙着上班,顾不上照顾小岳,于是就让乡下的奶奶来照顾他,接送他上幼儿园。有一次放学的时候,在过马路时他拉着奶奶的手,突然看到对面的妈妈,于是立刻挣脱奶奶的手从人行横道外加速猛跑过马路,结果径直撞上一辆正常行驶的小货车,导致肩胛骨骨折。原来妈妈总觉得自己平时没有时间接送孩子,心里十分愧疚,于是这天提前下班来接孩子,想给小岳一个惊喜,结果没想到孩子一看到妈妈,高兴得什么都忘了,才导致了一场意外伤害。

案例二

打　仗

　　乐乐是一个活泼好动的孩子,他家离马路很近,平时很喜欢和邻居的孩子小宇、天天一起在马路附近玩耍,有一天他们三个在一起玩"打仗"的游戏,跑着跑着就从人行道上蹿到了马路中间。可能是跑得太急了,乐乐一下子就摔倒了。这时一辆车呼啸而过,眼看就要撞到乐乐了,车上的司机来了个急刹车,乐乐才没有出事,差点酿成大祸。

案例分析

　　幼儿交通安全意识差,自控能力不强,易冲动,又缺乏基本的应变能力,在马路上稍不注意很容易发生危险。案例一中的小岳突然看到了马路对面的妈妈,他的脑子闪现的是要跑过去找妈妈,其他的什么都没有想,更不会想到会发生什么危险的事情,导致自己被小货车撞倒,肩胛骨受伤。案例二中的乐乐因为缺乏安全常识,不知道在马路上玩随时会发生危险,于是毫无危机感地跑到马路中间玩,结果差点酿成大祸。

实操对策

　　交通安全很重要,老师和家长在平时应加强幼儿交通安全教育,告诉孩子一些交通规则,文明有秩序地过马路。例如:过马路一定要走斑马线;在红绿灯路口,无论是否有车,都要遵守"红灯停绿灯行"的原则,不抢跑,不打闹。在没有红绿灯的路口,一定要告诉孩子不能急匆匆地过马路,要在护栏边"先向左看,再看右边"观察好马路上的情况,同时也可以让开车的叔叔阿姨看到。等车开走很远的时候,再快速通过路口。车尾倒车灯亮起的时候,说明司机要倒车了,告诉孩子不要走车后,要走车前。晚上过马路的时候,距离车很远时才能过马路,以防司机未注意到行人。因为对面车辆的灯照过来时,司机什么也看不到。此外,还要安全骑车。未满 12 岁不能骑自行车,未满 16 岁不能骑电动车。不要在公共道路上学习骑车,骑自行车要在非机动车道或靠右侧路边行驶,不闯入机动车道或靠左侧路边行驶,不双手离开车把,不骑车载人,不与汽车并行。

安安小贴士

孩子对距离、速度、空间的感知能力较弱,密集的车流更容易导致他们惊慌失措。平日带孩子出门,一定要牵着他们的手过马路,切勿让孩子脱离自己的手在路上横穿猛跑、追逐打闹。日常要做好对孩子的交通安全教育,尤其要注意以身作则,让孩子养成看红绿灯、走斑马线的良好习惯。

跟着平平学儿歌

大马路,宽又宽,

警察叔叔站中间。

红灯停,绿灯行,

黄灯亮了,等一等。

左瞧瞧,右看看,

一定要走斑马线。

马路不是游戏场,

遵守规则保安全。

幼儿安全习惯养成建议

爱玩是孩子的天性,但是在马路上追逐打闹,不仅干扰了行人走路,也可能会磕伤碰伤,酿成交通事故。许多孩子走路时喜欢边走边玩、东张西望,缺乏交通安全意识。同时,个别家长交通安全意识差,存在侥幸心理,不遵守信号灯,无形中给孩子做了坏榜样。平时家长要给孩子做好榜样,在教育孩子遵守交通规则的同时,也应该告诉孩子,马路上车多人多,不可以在马路上打闹。

第十五节　被锁车内

在炎热的夏季,随着天气升温,很多新闻中都出现了孩子被困在车上发生一些不幸的事故的相关报道。这些都是因为父母粗心大意,将孩子反锁在车上,导致发生了不幸的事情。作为大人,无论如何都不能单独让孩子待在车上,或将孩子反锁在车上,这些都是非常危险的事情。

案例分享

案例一

幸运的孩子

曾有一起孩子被锁车内的事件。一位年轻妈妈,下车时粗心忘拔车钥匙,竟然把自己的孩子锁在了车里。最终在众人的帮助下,孩子成功获救。据悉,孩子救出来的时候浑身被汗液浸透,已经没有了哇哇大哭的力气,却仍然不停抽泣着,令人心疼。这个孩子是幸运的,因为他虽然被困车内却活着出来了,还有很多不幸的孩子没能等到车门打开……

案例二

粗心爸爸

还有一例女童长时间被锁在车里导致窒息身亡的事件,当时孩子爸爸将孩子锁在车内自行离开办事,等到想起车内还有孩子时已经过去了数小时,匆匆赶回发现孩子双手握拳、全身发紫、失去了意识,遗憾的是最后没能救回孩子的生命。

案例分析

　　上述两个案例都是由于父母的一时疏忽大意将孩子遗忘在了车内而导致的。在室外温度超过 30 摄氏度的情况下,将孩子完全关闭在车内是致命的。即便是在比较凉爽的地方,车内温度也能在一小时内上升至 45 摄氏度以上。即使开了车窗缝,也完全没有任何作用。3 岁以下的孩子,被锁在高温密闭的车内 15 分钟,大脑和肾脏就可能会受到损伤,超过半个小时就有可能脱水、中暑、休克,甚至窒息死亡。

实操对策

　　如何避免孩子被困车内? 平时我们应该做到:首先,不要把孩子单独留在车内,即使是短时间下车也不能单独留下孩子。独自带孩子出门时,可将重要物品放在孩子身边,提醒自己下车时带上孩子。其次,不要贴过暗的车窗膜。万一孩子被困车内,浅一些的车窗膜容易让孩子及时被发现。再次,在车内准备儿童哨子、小喇叭等发声玩具,能让孩子在紧急时吹哨子求救。最后,家长如果发现误将孩子锁在车内且忘了拔车钥匙,应立即用备用钥匙打开,或敲碎车窗玻璃救助,第一时间报警。

安安小贴士

　　平时大人教会孩子被困车上的自救方法:

　　1. 学会按喇叭求救。2. 学会开双闪报警灯求救。3. 认识解锁键,自己开车门。

　　4. 认识后备箱按钮,从后备箱出去。5. 车上备小喇叭、哨子之类的玩具,被困在车上时吹小喇叭、哨子,引起周围人注意。6. 拍打车窗呼救,引起他人注意。

跟着平平学儿歌

小朋友，真能干，

被锁车里怎么办？

按喇叭，开双闪，

拍车窗，大声喊。

按按解锁键，仔细找开关。

遇事不慌张，自己保安全。

幼儿安全习惯养成建议

在高温的天气下，车内的温度会急剧升高。作为家长一定要教给孩子自救的技能，同时也千万不要把孩子单独留在车内，更不能因为自己的粗心大意把孩子遗忘在车上。

第十六节　乘坐汽车的危险

随着现代家庭私家轿车的日益增多,孩子乘坐自家车的现象也逐渐增多。孩子乘车与大人一样,都需要注意安全。当然,孩子乘车也与大人有很多不一样,那么,儿童乘车安全常识有哪些呢?

案例分享

案例一

孩子坐前排,急刹撞挡板

今年3月,因妻子有事,李先生独自驾车带着5岁的孩子前往公园游玩。为了在沿途方便照看孩子,他把孩子安置在副驾驶座,并给孩子系上了安全带。一路上,天性爱玩的孩子不时要站起来活动一下筋骨,不时又提出要拿放置在车后座的玩具。李先生一边应对好动的孩子,一边看前方的路况。突然,前方蹿出一辆电动车,李先生下意识地来了个急刹车,孩子在猝不及防之下身体骤然前倾,脑袋撞到前方仪表板,额头处顿时鼓起一个包。幸好当时车速仅有40千米/小时,否则后果就严重了。

案例二

没给孩子使用安全座椅

赵女士在孩子4岁前一直使用安全座椅,但是在孩子5岁的时候她觉得孩子已经能照顾自己,坐在安全座椅上也不舒服,就把车上的安全座椅拆掉了。可是她怎么也没想到,一星期后,孩子爸爸开车带她去学芭蕾的路上,被一辆大货车撞上了。而车上的安全带没有保护好孩子,因为她的身材太瘦小,安全带正卡在她的脖子上,不仅没能让她避免危险,反而在她的脖子上勒出一道长长的血印。到医院检查时,医生说很多孩子都是因为使用安全带出现这个问题,建议家长使用安全座椅。赵女士后悔莫及,因为自作聪明差点酿成一场大祸。

案例分析

上述的两个案例,一个是让孩子坐在了副驾驶的位置,一个是没让孩子使用安全座椅,导致孩子受到伤害。让孩子坐在副驾驶位置是不明智的选择。有的车具有双气囊,一旦发生危险气囊会打开,挡在人与车体之间,使人免受伤害。但由于孩子上身较矮,气囊打开的位置往往是在孩子的头顶,非但保护不了孩子,反而会造成伤害。建议让孩子坐在后座的儿童汽车安全座椅上。座椅和安全带是专为成人设计的,不适合儿童体型。如果孩子使用成人的安全带,在发生车辆碰撞时,儿童有可能会从安全带和座椅之间的空隙飞出去,发生不可预测的危险。

实操对策

不要让孩子自己上下车。小朋友力气小,车门开启时如果推不到定位,会造成车门微微回弹,对稚嫩的孩子来说有可能夹伤手指。孩子在开门时不了解路况和交通情况,很有可能导致意外的发生。建议父母亲自下车给孩子开车门、关车门。

孩子不宜使用成人安全带。成人安全带是为成人而定制,并不适合孩子,如果孩子使用成人的安全带,在急刹车时可能会从宽松的安全带中甩出,或者因为成人安全带绑得太紧而受到身体压迫。

不宜抱着孩子坐车。抱着孩子坐车,在遇到急刹车或安全事故时,孩子有可能成为大人的"安全气囊",而且抱着孩子的大人安全意识和应变能力都会降低,对孩子的安全造成很大威胁。

在后座不宜为孩子准备很多玩具。在长途旅行中,有的家长为了孩子玩得高兴,在后座上放置许多方正有棱角的玩具,这些玩具很可能会对孩子身体造成危害。假若发生事故,这些带棱角的玩具很可能扎伤孩子。

孩子身体的任何部位不得伸出窗外。如果在行驶过程中让孩子将头探出天窗,车辆紧急刹车时则有可能伤及孩子的脖子和肋骨。此外,现在很多车辆在引擎熄火后有自动关闭车窗和天窗功能,万一孩子未来得及将头收回,天窗关闭时可能夹到他们的头部。

孩子不宜坐在副驾驶位置。副驾驶位置是汽车中相对危险的位置。而且安全气囊不是按照孩子的身体设计的,容易对其安全造成威胁。

安安小贴士

对于年龄较小的孩子来说,不要让其在车里吃东西,尤其是棒棒糖之类的零食,否则可能因为急刹车而导致孩子被食物噎住。

跟着平平学儿歌

爸爸开汽车,宝宝不淘气。

开关车门时,一定要注意。

系好安全带,头不伸窗外。

安全坐汽车,宝宝数第一。

幼儿安全习惯养成建议

在中国,有超过六成的家长驾车时不懂如何保护儿童,很多家长缺乏儿童乘车安全知识,并未意识到孩子每天乘坐汽车时承受着多大的风险。保障儿童乘车安全是成年人的责任,特别是家长的责任,所以一定要给予高度重视。

第十七节　乘坐火车的危险

乘坐火车是经济实惠且安全的出行方式之一。孩子在乘坐火车时，不仅要防止火车上人员带来的威胁，同时也要防范火车本身存在的一些安全隐患。教育孩子初步了解这些可能出现的隐患，才能防止意外伤害的发生。

案例分享

案例一

自热火锅惹的祸

有一次小小跟着妈妈和几个带着孩子的阿姨外出旅游，几个小伙伴第一次坐火车去比较远的地方玩，她们特别兴奋，一会儿小小和童童换换位置，一会儿童童又和亮亮换换位置，玩得不亦乐乎。吃饭的时候，小小吃了一份自热火锅，妈妈刚要把吃完的火锅汤倒掉，突然，头顶上行李架包里掉下来一瓶水，刚好砸在火锅汤里，汤汁四溅，座位上的几位阿姨脸上、身上溅得全是汤汁，幸好只是衣服脏了，没有烫伤，有惊无险。

案例二

可恶的沙子

国庆节到了，画画一家三口外出旅行，听说要坐火车到北京看天安门，画画甭提有多高兴了。因为是十一黄金周，赶上旅游旺季，火车上人特别多。画画和妈妈换了一个靠窗的位置。窗外的风景真美啊！时而高楼耸立,时而山峦叠嶂,呼啸着从眼前穿过,画画兴奋地发出一阵阵欢呼声。因为晚上没有休息好,爸妈有点困了,他们叮嘱画画不要乱动,有事叫醒他们,然后两个人就趴在桌子上睡着了,刚睡着没多久,就听到画画"哇哇"的哭声,原来她把头伸到窗户外面,被飞来的沙子迷住了眼睛。

案例分析

两个案例中的意外事故很大程度上是因为大人的疏忽而造成的。在火车上孩子非常容易受到伤害,因为孩子年龄小,对新鲜事物充满了好奇,所以父母在带孩子出行时,一定要看护好孩子的安全。

实操对策

儿童乘坐火车哪些行为容易发生危险？做家长的应该怎样避免这些危险行为的发生呢？

警惕开水。火车上有专门提供开水的地方,所以应该时刻警惕孩子的动向,水杯不要放在孩子能触及的地方。更需要注意的是在遇到紧急停车时,要警惕水杯晃倒或掉下茶桌,防止孩子被烫伤或砸伤。

防止撞伤或摔伤。乘车时,可以让孩子在车厢中适当走动,但一定要注意安全,家长最好跟随,防止火车停止过程中孩子撞伤或摔伤。

警惕孩子被拐骗。由于火车上人员混杂,家长们要注意孩子的人身安全,不要让孩子离开自己的视线范围。在休息时,应时刻保持警惕。

严禁把手伸出窗外。如果乘坐的是可以开窗户的火车,注意不要让孩子将身体任何部位伸出火车的窗外,以免被外面的物品划伤,或被沙子迷住眼睛。

不要让孩子单独去洗手间。火车上卫生设备相对简陋,孩子单独使用有危险。卫生间门常开常关,要注意不要不小心被锁住。

安安小贴士

在乘坐火车之前，家长要对孩子进行安全教育，告诉他如果找不到爸爸妈妈应该找穿制服的叔叔或阿姨。在车站时要紧跟父母，不要和父母分离。不要跟陌生人离开，如果被陌生人抱着离开，要大声呼救。同时，如果是长途列车最好选择夕发朝至的时间，尽量避开炎热时刻。给孩子带上足够、易穿脱的衣服。提醒孩子多饮水，不可吃得过饱。带上孩子喜欢的玩具打发无聊的时间。

跟着平平学儿歌

火车火车跑得快，

钻山洞来过大桥，

一起旅行真愉快。

保持安静不喧哗，

小手不要伸窗外。

车内不要乱走动，

不让自己受伤害。

幼儿安全习惯养成建议

父母带孩子一起坐火车外出时，一定要注意孩子的安全。火车上人员复杂，不仅要防止火车上的人员对孩子带来的威胁，同时也要防范火车本身存在的一些安全隐患。在乘坐火车之前，只有初步了解了这些可能出现的隐患，才能防止意外伤害的发生。

第十八节　乘坐地铁的危险

随着科技的发展,地铁日益成为不少城市的主要交通工具。地铁虽然给我们的生活带来了许多便捷,但地铁里人员密集,又属于封闭空间,一旦发生意外情况,人员很难疏散。孩子在乘坐地铁时,不知道一些基本常识,就很容易受伤,所以应让孩子注意在乘坐地铁时存在的安全隐患。

案例分享

地铁里的小童

5岁的小童和妈妈一起乘坐地铁,地铁里人不多,活泼好动的小童一会儿坐到这个座位上,一会儿又跑到那个座位上。妈妈让她坐在位置上老实一会儿,她刚坐一会儿,便又站起来抱住中间的栏杆转起圈来,妈妈阻止她她也不听,没办法,只能任她转着玩。小童越转越觉得好玩。速度也越来越快。就在妈妈想要让她停下来的时候,地铁忽然停了下来,惯性直接让小童甩到了门上,"咚"的一声,小童的额头上肿起了一个大包,疼得"哇哇"大哭。

案例分析

案例中的小童在乘坐地铁时,之所以发生了危险,一方面是因为小童活泼好动,在乘坐地铁时"不老实",另一方面是因为妈妈的监护不到位,才导致小童在乘坐地铁时受到了伤害。

实操对策

小朋友应该如何安全乘坐地铁？在乘坐地铁时需要注意哪些方面？作为教师我们建议家长教育孩子：

不要在车厢喧哗。孩子精力旺盛，非常渴望被关注，容易在车厢里追逐、嬉戏、开大声音玩手机游戏，或者利用扶手做一些动作以引起注意。教育孩子懂得在公共场合中大声喧哗和通过大幅度动作引起别人注意是非常不礼貌的行为。车厢不是舞台，每个人都应该保持安静，不要影响他人乘车情绪。

地铁作为一个相对封闭的公共环境，如果有乘客在车厢内饮食，尤其是一些味道比较重的食物，则会对其他乘客带来影响。所以不要在地铁车厢内饮食。

地铁是人流密集的公共场所，不论是氢气球还是普通气球都容易受挤碰发生爆炸，危及自身及其他乘客的人身安全。所以乘坐地铁不能带气球。

被挤到的时候，要大喊。由于孩子的身形比较小，人多拥挤的时候，很容易被忽视，所以，当孩子被挤到的时候，必须马上大喊，让别人意识到这里有个孩子站着。

安安小贴士

家长在带孩子乘坐地铁时，尽量乘坐车头或者车尾的车厢。坐过地铁的人都知道，地铁的一头一尾相对车的中部会稍微宽松一些，因此，乘坐地铁，特别是在高峰期乘坐地铁，应尽量往车头或者车尾去。孩子本身比较矮小，如果在车的中部，很容易会因为别人看不见而被挤到，也会出现氧气不足等情况。同时，家长应该尽量避免高峰期带孩子去乘坐地铁。人流量过大，孩子不但容易被挤到，而且也容易与家人走散。

跟着平平学儿歌

乘坐地铁不要跑，

慢慢走，防摔倒。

站在黄线外等待，

有序排队慢慢来。

车厢内，要坐好，

不喊不叫也不跑。

不要倚靠自动门，

安全二字要记牢。

幼儿安全习惯养成建议

　　孩子年幼体弱也爱玩，不知道如何保护自己，人多的时候容易被挤压踩踏，在人少的时候也可能会因为大人的疏忽大意而受到伤害，所以作为家长平时一定要加强教育。

第十九节　乘坐非机动车的危险

3—6岁幼儿活泼好动,不论是在室内还是室外,不论是在安全还是危险的场地,他们都会忘情地玩耍。在安全的场所或有妥善保护的场所,孩子玩乐时的安全较有保障。但是,在马路上时,成人一定要提醒孩子注意交通规则,乘坐非机动车时更要小心。日常生活中,幼儿园和家庭都要强化幼儿的交通规则意识,培养幼儿的安全意识。

案例分享

案例一

会开门的三轮车

爷爷有一辆电动三轮车,每天接送小小去幼儿园。星期天,爷爷带小小去公园玩,小小和奶奶坐在后车厢,小小自己坐,不要奶奶抱。行驶中爷爷没避开路上的一个小坑,车颠了一下,车门突然打开,趴在车窗往外看的小小一下被甩出了车外,被后面的车撞伤,多处骨折。车门怎么会自己打开呢? 事后爷爷发现是小小不小心扳动了车门的简易锁,而爷爷车速较快,再加上颠了一下,车门就自己打开了。

案例二

扎人的竹签

妈妈骑电动车接康康从幼儿园出来。路上,康康看到街边小摊上有卖糖葫芦的,央求要吃,妈妈买了一串给他。行驶中,前面一辆电动车急转弯,妈妈急忙刹车,康康一下从车上摔下来,串糖葫芦的竹签子扎伤了脸。妈妈带康康赶往医院检查,发现面部和腿部软组织损伤,所幸脸上伤口创面不大,医生为他消毒包扎了一下,其他地方没有大碍。

案例分析

孩子天生好奇心重,喜欢探索,更喜欢移动的画面和风景。在案例一中,小小探索爷爷车上的小秘密,不小心扳动了车门简易锁,由于颠簸,虚掩的车门在行驶中自行打开,趴在车窗上看风景的小小不幸摔出车外,被撞伤。奶奶忽略了幼儿贪玩的天性,没有把孩子放在自己的视线中,任由他在车上探索,更没有预知简易车门锁存在的隐患,使孩子受到身体上的伤害。

案例二,成人没有意识到尖尖的竹签在骑行过程中偶遇颠簸或急刹车会扎伤孩子的隐患,只是提醒孩子注意安全。孩子毕竟年龄小,自我保护能力弱,处理应急事件的能力更是有限,成人应从源头上杜绝隐患。买了带签子的食物要请孩子回家安静地坐着吃,或去掉签子吃。尽量不让孩子在行驶的车上吃食物。

实操对策

电动车、三轮车是基础代步工具,轻巧、便捷、环保,但也存在着许多安全隐患。幼儿监护人使用电动车、三轮车带孩子出行时一定要注意安全,保障孩子的生命安全。

不论步行还是骑车、开汽车,一定要遵守交通规则:红灯停,绿灯行,黄灯等一等,车给人让行;步行走人行横道线、斑马线;骑自行车、电动车要走非机动车道,开汽车走机动车道。成人不论是和孩子在一起还是一个人,一定要身体力行、以身作则,遵守交通规则,起到模范带头的榜样作用,用自身良好的遵守交通规则的行为和习惯潜移默化地影响孩子。

骑电动车载孩子时,要在车后座给孩子安装安全座椅,给孩子系上安全带并戴上头盔。路上要和孩子讲话,孩子若睡了,应停下来叫醒孩子再行走,或者让家人接应,顺利送孩子回家。

成人可以自行在电动三轮车后座装上安全带(绳),让孩子一上车就系上安全带(绳),锁上车门、车窗。请幼儿安静地坐着跟家长聊天、说儿歌、讲故事,不在车后座乱蹦乱跳、推车门、开车窗,久而久之养成习惯。

不论是乘坐电动车,还是三轮车,尽量不给孩子吃东西,防止路上颠簸而噎到孩子,更不可给孩子吃带签子的食物。

安安小贴士

在幼儿园和家庭中，教师和幼儿监护人多给孩子讲解交通安全常识。使用电动车或三轮车载孩子出行时，要遵守交通规则，给孩子做表率。乘坐电动车时成人和孩子要戴头盔，乘坐三轮车前应仔细检查车门上锁情况，不让孩子单独坐在后车厢。行驶中尽量不给孩子吃食物。

跟着平平学儿歌

马路宽，马路长，

交通规则记心上。

电动车，真可爱，

乘坐时，头盔带。

骑三轮，莫要快，

安全带，腰上系。

锁门窗，不探头，

停车食，莫忘记。

幼儿安全习惯养成建议

蒙台梭利在《童年的秘密》中说：只有儿童才能展现人类的自然成长进程，但如同其他处于早期阶段的生命一样，由于儿童的娇嫩，儿童的精神生活需要得到保护，需要一种适宜环境的呵护，就如同大自然用胚膜来包裹胚胎体一样。3—6岁孩子年龄小，自我保护能力和安全意识较弱，需要成人的保护，而且成人需向孩子讲解各种安全知识和自我保护常识。同时，需要在生活中潜移默化地培养孩子的安全意识习惯和自我保护能力。此外，成人要有较高的安全防范意识。3—6岁孩子活泼好动，自控力不强，自我保护能力弱，不能预知不遵守交通规则带来的严重后果。成人除了平时给孩子讲解交通安全意识和规则之外，还可以给孩子观看交通事故图片和视频，让孩子感受不遵守交通规则带来的后果。在日常生活中，路上行走时，成人以身作则遵守交通规则，借机向孩子讲解交通规则，加强孩子的安全意识，培养孩子的自我保护能力，避免伤害。

第二十节　乘坐电梯的危险

随着时代的进步和科技的发展,电梯已经越来越多地出现在我们的日常生活中,无论是在小区还是商场,电梯为我们生活带来的便捷度都是毋庸置疑的,但同时也给我们的生活带来了一些安全隐患。

在乘坐电梯时由于不当的操作甚至电梯自身机械故障都可能会引发重大的安全事故。有些时候孩子在没有家长陪伴的情况下独自乘坐电梯,偶遇电梯故障或者在乘坐过程中不清楚一些基础的应急操作,都可能会给孩子带来伤害。而正是基于这些担忧,我们在平时对孩子进行安全教育的同时就要有侧重点地普及一些电梯安全知识,并且教会孩子一些必要的电梯自救小知识。

案例分享

案例一

超市扶梯咬住男孩手臂

一位4岁男孩跟随自己的家长在商场逛街,由于孩子自身对扶梯的好奇心,他尝试让自己的小手跟随扶梯黑色传送带一起前进,但由于操作不当,男孩的小手随着黑色传送带一起卷进了下方机器。父母赶紧按扶梯急停开关并拨打消防电话,消防员害怕对孩子造成二次伤害,于是拆开扶梯的运转盖板,用沐浴露等充当润滑剂,最终男孩得以成功解救,只是手有些许红肿,尾指有部分夹伤。

案例二

调皮的淘淘

6 岁的淘淘看爸妈睡着了,自己悄悄溜出了家,乘电梯下楼玩。进电梯后,他在电梯内又蹦又跳,对着电梯操作板一通乱按。突然,电梯停了,淘淘吓坏了,并用手用力拍、扒电梯门,见无效便哭喊起来。后来电梯门开了一条缝,他试图钻出去,结果掉进了 10 米多深的电梯管道,当场死亡。

案例分析

案例一中的男孩看到商场的扶梯自动上下行,扶梯在行进至每一层楼上下踏板时,台阶逐渐平缓成水平面。这引起了男孩的好奇心和探索欲望,他将手指伸入扶梯传送带,导致手指夹伤。

案例二中的淘淘不知道对行进中的电梯人为地晃动以及反复按按键会导致电梯系统紊乱,出现故障。电梯出故障后淘淘很恐惧,呼叫、扒门以求逃出电梯,没有使用正确的自救方法,使悲剧上演。

在小区乘坐轿厢电梯时,也有很多孩子会因为好奇,乱按数字,用手去扒电梯门,或者是阻碍电梯门关上,从而使得电梯故障,对自身造成伤害。从以上事情上可以看出,因为孩子的认知不够,以及成人平时对孩子出现的错误行为没有阻止,使孩子没有养成安全正确乘坐电梯的习惯,从而导致了事故的发生。

实操对策

电梯为我们的生活带来了诸多便利,但同时,因为电梯出现故障,或错误操作、不正确乘坐等给孩子带来了很多安全隐患和伤害。孩子天生对科技产物有浓厚的兴趣,我们要正确引导孩子规范操作、乘坐电梯,看护好孩子,不允许孩子一人乘坐电梯,避免孩子因不当操作发生危险,造成伤害。还可以引导孩子做到:

认识电梯和电梯标识。在家庭和幼儿园的教育活动中,家长和教师向孩子普及有关电梯的知识,让幼儿认知电梯的功能,电梯标识,认识轿厢电梯操作板中按键的功能及使用方法。如:警铃,它是用来向外面求助报警的,如果电梯没有危险,是不能随便按的。

科学乘坐电梯的方法。在幼儿园社会实践或家长带孩子外出乘坐电梯前,教师和家长要讲解直行梯和轿厢梯乘坐方法,必要时要示范,孩子乘坐时一定要规范其正确的行为和动作。对调皮的孩子,成人要特别关注,单独拉着他的手和他一起乘坐。发现错误乘坐行为,及时提醒并纠正,事后单独和孩子聊,让他意识到这样做的危险性和严重后果。

乘电梯时自救的方法。幼儿园教师和家长可以借助材料,玩情景表演,模拟电梯出现故障时的情景,展示自救方法。遇到危险时,一定要冷静,不可拍、扒电梯门,除了按响警铃外,还可以呼叫求救,同时身体要紧靠电梯墙壁,膝盖微微弯曲,手抓紧电梯扶手,冷静,深呼吸,保持体力。

安安小贴士

要求幼儿在成人陪同下乘坐垂直升降式电梯,不扒门,规范开关门,只按自己要到的楼层。电梯出现故障了,按响警铃求救。乘坐扶梯时一手牵着成人的手,一手扶好扶手,不踏入扶梯黄线区,不在扶梯台阶上自行上下走动或打闹。

跟着平平学儿歌

乘坐电梯就是快,
重重货物也能载。
轿厢电梯找按钮,
不踹门来不扒门。
乘坐扶梯要牢记,
握扶手,靠右立。
不攀爬,不打闹,
逆行回跑也不要。
践踏黄线是禁忌,
危险禁区需远离。
电梯困住莫着急,
紧急呼救是第一。

幼儿安全习惯养成建议

德国剧作家莱辛曾说过："好奇的目光常常可以看到比他所希望的更多的东西。"兴趣是学习的源泉与动力。在生活中，我们不难发现，孩子在上下楼乘坐电梯时，总喜欢自己去按按键，即使摸不到，也想要家长抱起自己来去按一按、摸一摸，从中可以看出他们强烈的好奇心和对电梯浓厚的兴趣。成人要抓住教育契机，在生活中逐步渗透教育知识，教会孩子如何安全乘坐电梯，遇到电梯故障如何冷静应对、保护自己的安全，提高解决生活问题的能力，帮助他们掌握更多的生活技能。

合理利用社会、生活资源，拓展幼儿学习的空间。可以利用实践活动，在商场、小区中邀请电梯操作员进行有关电梯知识、性能、安全乘坐注意事项、求救方法等方面的讲解。还可以创设合理情境，激发孩子兴趣，让孩子主动参与到电梯乘坐的情景之中，使孩子感受真实情境，获得相关经验。

安全意识的培养要从小抓起，从生活入手。作为老师和家长都要身体力行，做好榜样、做好知识教育、做好监护，让孩子从小就有优良的安全习惯和良好的安全意识！

后 记

历时一年多,《幼儿教师研修资源:幼儿园幼儿安全习惯培养实操手册》终于面世了。本书基于一线教师的多年实践经验,聚焦于幼儿园教师、家长可能遇到的幼儿安全隐患,通过对大量详实案例的深层次剖析,向教师、家长在幼儿安全教育方面提出了极具针对性的科学对策。本书富有可读性、实操性、教育性和重要的参考价值。

本书编写者是"中原名师"弯丽君幼儿教育工作室的核心成员,汇聚着一批河南省名师、骨干教师、市名师、市骨干及一线教师,他们具有较高的理论素养和丰富的实践经验。各章编写人员分工如下:第一章,漯河市市直幼儿园龚晓莹、漯河市实验幼儿园赵丽敏、漯河市郾城区实验幼儿园李哲;第二章,漯河市市直幼儿园郑娟、宗焕芹、李青、路雪萍、刘娟、临颍县县直幼儿园赵霜;第三章,漯河市市直幼儿园马林、徐南、宋成玉;第四章,漯河市市直幼儿园张抗抗、临颍县县直幼儿园秦小兵、临颍县南街村幼儿园赵海霞。主编弯丽君负责全书的框架设计、章节提纲撰写、统稿和定稿工作,副主编魏秋梅负责审稿工作。

全书的编写得到了河南省基础教育教学研究室杨伟东、开封市教育局教研室刘振民、漯河医学高等专科学校贺斌等专家的指导、鼓励与帮助,得益于华东师范大学出版社领导及编辑的大力支持与点拨,对此一并表示衷心的感谢!

由于时间仓促和编者能力水平有限,书中不足之处,冀望各位专家不吝赐教,予以批评指正。

弯丽君

2021 年 5 月 10 日